叢書
現代の社会学とメディア研究
第**5**巻

【改訂版】
パブリック
コミュニケーションの
世界

粉川 一郎・江上 節子 編著

北樹出版

叢書・現代の社会学とメディア研究　刊行にあたって

　20 世紀を通じて社会学は、めまぐるしい社会の変容に対応しながら次々に新しい領域を開拓し、時代の最先端を担う知の体系として発展してきた。それはたとえば、ジェンダー、エスニシティ、階級・社会階層、文化、身体・心性など、他の研究領域では扱いえない、または本質に迫りえない問題の数々を正面から扱う研究領域として、ますます大きな役割を果たすものとなっている。

　そして 21 世紀の今日、情報技術の高度化に伴うメディアの多様な発展と、これによって引き起こされた社会の変容が、社会学の重要な研究対象として立ち現れ、既存の社会学の体系は見直しを迫られている。これまでの研究のさらなる発展・進化とともに、メディア研究を社会学のなかに正当に位置づけることが求められているのである。

　すでに日本のいくつかの大学でも、従来からある社会学系学部にメディア研究を目指す学科を設置するなどして、こうした新しい社会学研究とその成果を生かした社会学教育が始められている。この叢書が目指すのは、これまでの社会学の蓄積に新しいメディア研究を接合し、体系化して広く世に知らせることである。

　もとより、完成された体系を提示しようとするあまり、社会の最新動向や新しい研究の試みを切り捨てることは望まない。むしろこれらを進んで取り上げ、鋭く問題提起していきたい。そして最先端でありながらも、入門者や市民に開かれたものでありたい。本叢書が、社会学とメディア研究の一層の発展に寄与するとともに、広く人々の関心に応えるものとなることを期待している。

叢書・現代の社会学とメディア研究　編集委員会

改訂版　はじめに

　多方面からご好評をいただいた叢書『パブリックコミュニケーションの世界』も出版から5年の月日が経った。パブリックリレーションから市民メディア、インターネットを中心とした情報ネットワークといった、広い視点での「パブリック」における「コミュニケーション」に焦点をあて知見を集約した文献はあまり存在しないこともあり、本書に対するニーズは今なお一定の水準を保っている。一方で、この変化の激しいメディア環境の中では5年という月日はドラスティックな変容をうむに十分な長さであり、果たして本書の記述が今も妥当なものであるか注意深く再検証を行った。

　その結果、ほとんどの記述がいまだパブリックコミュニケーションという概念を学ぼうとする読者にとって十分新鮮かつ、妥当なものであることが確認された。社会やメディア環境は日々刻々と変わっていっても、学びの基本的枠組みについては大きくは変わらないのである。

　そこで改訂版の作成にあたっては、最低限必要な事実関係の修正、言及すべき新たな課題について記述の追加を行うにとどめた。その結果、1章パブリックコミュニケーションを知る、4章メディアとしての電子コミュニケーション、5章企業広報、行政広報の実際の3章について修正を実施した。

　本書が今後も末永くパブリックコミュニケーションを学ぶ読者の期待に応えられるであろうことを願っている。

編　　者

は じ め に

　メディアを社会学の視点から考えるとき、多くの人がその対象としてイメージするのは、テレビ、ラジオ、新聞、雑誌といったいわゆるマスメディアではなかろうか。確かに、近代社会において、その社会の形成過程、意思決定過程において、マスメディアが大きな役割を果たしていることは言うまでもない。

　しかしながら、私たちの生活、文化を創り出す上でさまざまな役割を果たしているコミュニケーションの方法や形態がある。それらは、人間関係のあり方や生活の利便性、安全性、政治への発信力など、社会の多様な側面にも、大きな影響力を発揮している。一人ひとりの市民が、お互いに情報を交換し新しい知見を生み出し、合意形成をしていったり、社会全体の重要なテーマについて、扇情的ではなく、理性的に情報を伝え、相互理解を深めていくといった、コミュニケーションの行為こそ、私たち人間社会において重要な役割を果たしてきたといえる。そしてインターネットを中心とした情報・通信技術の開発により、情報の取得、共有、発信、加工、伝播、判断などが、同時的に可能な状況が作り出され、それらは、もはや文化となりつつあり、社会的コミュニケーションの主役になる兆しがみえ始めている。

　本書では、こうしたコミュニケーションのあり方をパブリックコミュニケーションという概念で整理し、その多様な可能性について論じている。第1章から第4章までは、パブリックコミュニケーションという概念のなかで重要になる、広報、市民メディア、ネットコミュニケーションについて理論的な背景について説明する。第5章から第9章では、こうしたパブリックコミュニケーションの実践の場での在り方について現場での知見をもとに考察している。

　本書がパブリックコミュニケーションというあらたな視座を学ぶ上での一つの道しるべとなれば幸いである。

編　者

【改訂版】
パブリックコミュニケーション
の世界

パブリック
コミュニケーションを知る

　は じ め に

　本書のタイトルは『パブリックコミュニケーションの世界』である。が、そもそも、パブリックコミュニケーションとは何を指しているのであろうか。

　日本における学術論文等を集約したデータベースである CiNii[(1)] において、パブリックコミュニケーションをキーワードにして検索を行っても、十数件の結果しか表示されない。マスコミュニケーションをキーワードにした場合、3000件近くの論文がヒットするにもかかわらず、である。

　そうした用語としての認知度があまり高くない状況があるにもかかわらず、実際にパブリックコミュニケーション、という言葉を使った時に、その定義や包含する概念について聞き返されることはあまり多くはない。言葉のもつ意味から人々は何となくその内容を想像、あるいは前後の文脈からその意味を類推し、それ以上の議論を避けてしまっているような状況すらある。

　本章では、そうしたあいまいなパブリックコミュニケーションの考え方を、実際に使われている文脈と、本来含有すべきであろう概念について整理することで、多様な文脈のなかで使われるパブリックコミュニケーションという言葉に、ひとつの指針を与えようとするものである。

1　Public Communication と Public Relations

1-1：パブリックコミュニケーションの定義

　パブリックコミュニケーションという言葉を理解する時に、避けて通ることができない書籍に、『パブリック・コミュニケーション論』(三浦・阿久津 1975) が

ある。このなかで三浦は Public Relations が明確な訳語のないまま、一方通行の Propaganda 的文脈で語られることも多く、本来のニュアンスが十分に反映されていない点について指摘し、その上で、本書の書かれた 1970 年代という時代背景をふまえ、Public との信頼関係に基礎を置く、伝統的な意味をもつ公衆関係が、住民運動等の高まりのなかで動揺してしまっていると論じている。その上で今日的（実際には 1970 年代的）な問題の解決を考える上では「情報提供活動」（information service）と「情報収集活動」（intelligence service）の循環過程を含むあらたな公衆関係が必要であると述べている。こうした文脈のなかで、三浦は「パブリック・コミュニケーション」の定義として「各種の『公衆関係』の全過程のなかで展開される『情報過程』」を提言し、その基本要素として「公衆関係」（public communication）と「情報過程」（Information Process）をあげている。

　この三浦の考え方を整理するならば、そもそもパブリックコミュニケーションという言葉の提起には Public Relations に対する正しい認識が社会的に存在していないという問題意識が明確に存在する。また、三浦は同書の第 1 章のなかで「いまや組織や団体などにとって、『公的な諸関係』（public relations）の『改善のためのコミュニケーション』（public communication）は必至となっているといえよう」とも述べている。これらのことを総合すると、ともすれば一方通行の情報提供、あるいは情報の押しつけといった文脈でとらえられがちなパブリックリレーションズという概念を、インタラクティブな関係性を前提としたパブリックコミュニケーションという概念に昇華させていこうという考えていると理解してもよいだろう。別の見方をすれば、三浦の考え方はあくまで特定の主体と公衆との関係性という文脈のなかでパブリックコミュニケーションをとらえているといってもよい。

　こうした考え方に対して、林は同書の書評のなかで「少なくとも現時点においては、それはまだ十分に熟し切った概念になっているとは認めがたい」と述べているものの、一方で「PR という言葉は（中略）われわれの日常用語の中に手アカにまみれた形で定着してしまった。それだけに（中略）作業がもつ意義は極めて大きいといわなければならず」と、パブリックコミュニケーション概念

の明確化に対して一定の評価を与えている。そして、「PC とは、もはや今日のコミュニケーション状況に十分に対応しきれなくなった PR や広報を新たな、より高次元の視点からとらえ直そうとする試みのように思われる」とし、やはり、パブリックコミュニケーションを、パブリックリレーションズの上位概念、あるいは、発展的な考え方としてとらえることを肯定している。

　同書は 30 年以上前に書かれたものではあるが、こうした経緯を考えればパブリックコミュニケーションは、インタラクティブな問題解決型の PR という考え方の側面をもつことを否定することはできないだろう。

1-2：政策分野におけるパブリックコミュニケーション

　一方、今日的文脈のなかでパブリックコミュニケーションはどのように使われているのであろうか。内閣府経済社会総合研究所から出ている「パブリック・コミュニケーション（PCM）～日本の現状と今後の課題～」というレポートで明確な整理が行われている。城山らは冒頭で「民主政治に不可欠な『政策に関し開かれた場で行われる公的機関と公衆、あるいは公衆相互の情報のやりとり』を‘パブリック・コミュニケーション（PCM)’と呼ぶ」と定義づけ、パブリックコミュニケーションを、政策という分野に的を絞った場面で利用している。そして、政府側からの広報、法に基づく情報公開や、パブリックコメント、そして審議会等の政策作成活動といった要素すべてがパブリックコミュニケーションに位置づけられるものとしている。その上で日本における PCM を類型 A（安全・安心、環境、防災といった行政活動における日常的なコミュニケーション）、類型 B（日常的コミュニケーションであるが、国際的な異文化コミュニケーション及び組織間コミュニケーションを伴うもの）、類型 C（国家的政策課題に関する政策の形成過程の一段階を構成するコミュニケーション）及び専門的にパブリック・コミュニケーションを担っている制度的仕組みとその運用（内閣広報、政府広報）に分類している。

　類型のあり方については、議論の余地もあると考えられるが、総じていえることは、政策形成におけるインタラクティブな行政と市民（あるいは市民代表）との情報交換について論じており、そうした意味では、前項で述べた三浦の考え

方と矛盾するものではない。政策という限定した場面ではあるものの、相互理解を形成することを前提とした主体と公衆とのコミュニケーションという意味では、三浦の考え方を正当に発展させたものといってもいいだろう。

　こうした政策形成過程における市民参画のありようをパブリックコミュニケーションという言葉で表現することは、かなり広範囲に行われていることである。たとえば三菱総合研究所ではパブリックコミュニケーションを「公共政策の立案・事業化・組織化および公共性の強いビジネスの展開に際し、不特定の関係者間で情報共有・相互理解を得、これを通じてよりよい社会を実現していくための一連の過程と活動」と位置づけ、そのなかにさまざまなコミュニケーション手法が存在することを定義づけている。また、地方自治研究機構の「新しい高齢者介護システムに対応する地域福祉体系構築に関する調査研究」のなかでも「公共的諸決定において創造的合意が形成されるには、《パブリック・コミュニケーション》に関わる社会的工夫が必要である」と、公共政策を前提とした文脈のなかでパブリックコミュニケーションが位置づけられている。これら二つの考え方のポイントは、パブリックコミュニケーションがインタラクティブな情報コミュニケーションの機会を保障している点である。前者では、実際のコミュニケーション手法としてマスメディアの活用から、インターネット、あるいは対面でのワークショップの実施等、かなり具体的なレベルで公衆、あるいは市民がコミュニケーションに強くコミットすることがうたわれている。後者では少人数の協働的コミュニケーションを複数組み合わせることでパブリックコミュニケーションを行うことが提案されている。

　これらを総合して考えれば、パブリックコミュニケーションが、公共政策におけるパブリックリレーションズを一層充実させた概念として一定の認知を得ているといいうるのではないだろうか。

❷ 市民メディアとパブリックコミュニケーション

2-1：ミニコミとパブリックコミュニケーション

　前節での定義をふり返ると、パブリックリレーションズは基本的になんらかの主体と公衆のあいだの関係性であった。そのなかでなんらかの主体、とは一般に企業等の組織を指すことが多く、同時に、政策の実施主体である行政等も主体として認知されてきた。しかし、なんらかの主体と公衆との関係性を考えた時、なんらかの主体とは企業や行政に限定されてよいものであろうか。社会における主体はさまざまなレベルで存在し、オーガニゼーションというレベルであっても、結社のあり方は多様である。とくに、社会的な運動、みずからの考え方を他者に伝え共感してもらうことでミッションが果たされるような主体にとっては、パブリックリレーションズは非常に重要なテーマであり、同時に、パブリックコミュニケーションも重要なテーマとなりうる。

　先の『パブリック・コミュニケーション論』において、田村がこの点について言及している。とくに、当時新しく社会に台頭してきたメディアであるミニコミという概念がパブリックコミュニケーションとどう関連するかという視点のもとに論じている。田村によればミニコミは私信やアングラ雑誌のようなレベルから、ひとつの社会性をもつ機関紙やPRまでを包含するが、それがパーソナルなコミュニケーションと遠ざかるにしたがって、パブリックコミュニケーションの要素が強くなる、ということを指摘している。その上で、ミニコミとパブリックコミュニケーションとの関係性を考える時にパブリックアクセス概念が重要なポイントであることに言及している。

　パブリックアクセスに関してここで深く論じることはないが、社会において人が情報発信をする権利、という概念を考えたならば、それを実現するためにどのようなコミュニケーション様式が必要か、という視点は不可欠となってくる。田村はそれを1970年代に確立していた言葉としてミニコミという概念で論じたが、今日的な言葉で論じるならばそれは市民メディアという概念で整理できるだろう。言い方を変えれば、パブリックアクセスという概念を出発点に

すれば、市民メディアという存在がクローズアップされ、市民メディアが実現するものは何か、といえば、市民をはじめとする多様な主体が、社会の多数の人々との関係性を構築するためのコミュニケーションであり、つまりはパブリックコミュニケーションを実現するのにほかならないのである。

2-2：市民メディアと NPO がおりなすパブリックコミュニケーション

メディアに関わる技術の進展とそれに伴う機材等の低コスト化に伴い、市民メディア、あるいは地域において市民が作り出す地域メディアの概念は急速に発展、発達を遂げ、同時に多様化している。浅岡は 1989 年当時の地域メディアの類型が CATV（ケーブルテレビ）やサークル誌、各種運動体機関紙といったレベルにとどまっていたのに対し、2007 年にはコミュニティ FM やフリーペーパー、地域ポータルサイト、NPO 等の Web サイト、ブログ、SNS（ソーシャル・ネットワーキング・サービス）と非常に多様化していると述べている。実際問題、こうしたメディアのあり方の多様化は、人々の情報チャネルを一気に増加させ、とくに地域の社会的課題を理解する上で重要な機能を担いつつある。

とくに、市民メディアの担い手として期待される NPO、民間非営利組織が日本において台頭していることも注目に値する。長らく、明治時代に制定された民法 34 条に基づく公益法人およびその考え方を踏襲した特別法でしか民間の公益的活動が法人格をとることができなかった状況が、1995 年の阪神淡路大震災以降のボランティア活動に対する意識の高まり、そして 1998 年の特定非営利活動促進法（通称 NPO 法）制定以降、一変している。2010 年時点では全国で 4 万団体を超える NPO 法人が認証を受けるなど、日本の NPO は大きな成長を遂げ、同時に活動するなかで社会との関係性作りに対する大きなニーズをもつ主体となった。NPO は社会的課題を解決するためのミッション（使命）をもっており、そのミッションを公衆、市民に対して伝え、共感してもらい、ボランティアワークや寄付といった経営資源の提供を受けなければ、活動を維持継続していくことはできない。つまりは、パブリックコミュニケーションを行うことそのものが、NPO という存在を成り立たせる上で重要な意味をもつのである。

また一方で、NPO がパブリックコミュニケーションを行う上で重要なのは、誰がその情報を伝える「メディア」となりうるのか、という点である。一般の NPO は情報伝達を行うことそのものを目的として活動しているわけではない。伝えるべきコンテンツや、語りあうべき言葉をもっていても、それをどう人々に伝えていくのか、というツールの部分では十分なリソースもテクニックももっていないことがほとんどである。そうした意味では、先述した市民メディアや地域メディアといった、情報の伝達の部分に特化した形で社会的活動を行っている主体が非常に重要な役割を担うことになり、まさに NPO という社会的問題の解決主体と、市民メディアという社会的課題を伝える主体の存在は、車の両輪とでもいうべき位置づけをもっている。

　こうした二つの主体が存在することは、単にコミュニケーションの問題にとどまらず、社会的な問題解決のあり方に関するパラダイムシフトを生み出す上で重要な意味をもつ。パブリックコミュニケーションという概念を構成する上でも市民メディアという考え方は、無視できないものであるといえよう。

③ インターネットとパブリックコミュニケーション

3-1：個人の情報発信機会の拡大

　一方で 1993 年の商用利用の開始後、爆発的に普及を続けるインターネットコミュニケーションのもつ意味合いについても注目する必要がある。PC や携帯電話を利用することで誰もが簡単に情報発信の主体となれるこのメディアは、人々の、パブリックアクセスという問題を考えた時に、革命と呼んでも差し支えない変革をもたらした。

　とくに、専門知識を必要とする通常の Web ページの作成、といった手段から、いわゆる CMS[2] と呼ばれるさまざまなツールの普及、そしてブログやプロフと呼ばれる Web アプリケーションの普及は、キーボードを打ちさえすれば、全世界に対して情報を発信できるチャンスを人々にもたらすこととなった。まさにそうした意味ではパブリックコミュニケーションの機会を個人にさえも

開放する、という事態をもたらしたのである。公文はこうしたインターネットのメディアとしての変革を民主主義的メディアであるとし、同時にこれを「パブリック・コミュニケーション革命」と呼んだ。

　しかしながら、現実のインターネット上の情報発信が、本当にパブリックコミュニケーションとして成立しているかどうか、という点については疑問もあるであろう。あまりにも容易な情報発信ツールのあり方は、結果として不用意で不適切な情報発信も増加させ、パブリックリレーションズを構築するどころか、そうした関係性を打ち壊してしまい、現実社会における被害をもたらすような状況をも生み出している。(3) そうした状況をパブリックコミュニケーションとして位置づけるのか否か、については議論の分かれるところであり、インターネットコミュニケーションをパブリックコミュニケーションと位置づけるか否か、という点においては、メディアリテラシーという概念の重要性もクローズアップされてくるであろう。メディアリテラシーの問題が議論される時、マスコミュニケーションの枠組みでの議論では、この問題は情報の受け手側の問題として認知されることが多かったが、パブリックコミュニケーションの概念のなかでは、メディアリテラシーは発信者の立場での問題も無視できない要素になってくる。インターネットコミュニケーションとパブリックコミュニケーションという議論において、メディアリテラシーの問題は重要な論点とするべきであろう。

3-2：インタラクティブの多主体によるコミュニケーション

　一方でインターネットコミュニケーションは、パブリックコミュニケーションの枠組みをさらに大きな概念へと押し上げる力をもっている。それは、電子掲示板や電子会議室、今日的な言葉でいうならばソーシャルメディアの存在が、これまでのパブリックリレーションズの延長線上にあったパブリックコミュニケーションの概念を、本当の意味でのパブリックなコミュニケーションに昇華させるからである。

　ソーシャルメディアがもたらすコミュニケーション特性は、多数で多様な主

体がインタラクティブなコミュニケーションを対等な立場で行い、それぞれが
パブリックな議論を行う主体のひとつとして機能しうるという点である。人々
は、インターネット上で自分の考えや思い、をいつでも自由な時間に自由な立
場で伝えることができる。ソーシャルメディア上では、その他者の発言を自分
の興味関心や、自分の普段交流する人間関係、あるいはインターネット上で構
築した関係性に基づいて取捨選択し、その内容について理解し、あるいは反発
し、自分の意見を同じ場に述べることができる。こうしたコミュニケーション
の積み重ねは、結果としてインターネット上にある種の世論（public opinion）、あ
るいは集合知というものを形成していく可能性がある。ラインゴールドが「バ
ーチャルコミュニティ」のなかで示したインターネット上のあらたな公共圏の
形成という視点は、まさにインターネット上であらたなパブリックコミュニケ
ーションが生み出されることを予言していたといえる。

　そして、このソーシャルメディアのもつパブリックコミュニケーションとし
ての機能は、1章で述べた政策形成との関係性で再び脚光を浴びることとなる。
1997 年に藤沢市で始められた市民電子会議室プロジェクトをきっかけに、政策
形成へのネット活用の動きが拡がり、その後の地域 SNS ブーム、そして国政レ
ベルでの取り組みである文部科学省の「熟議カケアイ」サイトや、経済産業省
の「アイデアボックス」サイト、内閣府の「国民の声」サイトなどの動きへと
繋がっていった。既存の審議会やパブリックコメントでは果たせないインタラ
クティブな市民のやり取りを政策形成に繋ぐ動きはもう珍しいものではなくな
った。そして、オープンデータ、オープンガバメントという考え方は、行政の
持つ情報を社会的な財と考え、その利活用によって産業や市民社会の活性化を
図ろうという、単なる政策形成過程への市民参画を超えた、パブリックコミュ
ニケーションの次の段階を示唆するような流れをもたらしている。

　しかし、ここでも、前項で述べたメディアリテラシーの問題がクローズアッ
プされる。こうしたソーシャルメディアを用いた取り組みは、本当にパブリッ
クコミュニケーションとしての機能を果たしているのであろうか。今日、日本
においてもっとも注目を浴びているソーシャルメディアである Twitter 上での

人々のつぶやきのなかには、罵倒や誹謗中傷、そして根拠のない情報といったものも含まれており、いわゆるネット上での騒動の原因ともなっている。また、「熟議カケアイ」サイトのような国が主導して実施しているソーシャルメディアの場においても、特定の人が声高に自分の意見を述べ、コミュニケーション不全を引き起こすような状況もみられている。こうした状況を生み出しうるリスクをもったメディアをどう評価するべきか、という点については意見が分かれるところであろう。

しかしながら、こうしたコンテンツの質の部分の議論をおいて、あくまで外形的にコミュニケーションのあり方からみていけば、ソーシャルメディアのもたらすコミュニケーションスタイルが新しいパブリックコミュニケーションのあり方に位置づけられることそのものを否定することはできないだろう。

 ## パブリックコミュニケーションをどうみるべきか

4-1：マスコミュニケーションとの関係性

ここまで、パブリックコミュニケーションという言葉がどのような文脈のなかで使われ、どのような意味をもちえているかをふり返ってきた。しかし、マスコミュニケーション概念との関係性については、言及していない。この問題をわれわれはどうとらえるべきだろうか。

当然起こりうる疑問として、マスコミュニケーションとパブリックコミュニケーションを対になる概念としてとらえるべきか、というものがある。一見、これらを対概念としてとらえると、説明が非常に容易であり、そうした側面があることも否定できないことも事実である。[4] しかし、単に形態論[5] だけでいえば、パブリックコミュニケーションを実現する手段としてマスコミュニケーション、いわゆるマスメディアを活用する事例は枚挙にいとまがない。政府広報がテレビでなされ、企業の広報が新聞を利用する。こうしたことはごく当然のことであり、そういう意味では、マスコミュニケーションとパブリックコミュニケーションは対概念ではない、ということができるかもしれない。しかし、

これはあくまで形態論の話であり、本質的に大衆（mass）とは何か公衆（public）とは何か、という議論をつきつめたものではなく、本質的な関係性について議論したものではない。

　そもそもこれらの言葉は、現代の多様化するメディア環境を前提として使われてきた言葉でなかったことに注意すべきであろう。インターネットはマスコミュニケーションとしての性質がないのか、といえばそれは否定されるだろうし、一方でメディアとしての特性がこれまでマスコミュニケーションと呼ばれてきたものとはまったく異なっていることも事実である。同様にデジタル化し、IP化されていくテレビが放送波を受信しているという意味のみでマスコミュニケーションを構成している機材と認知するべきかどうか、という点についても議論の余地があるだろう。そうした意味では、今、あえてマスコミュニケーションとパブリックコミュニケーションの関係性について整理するのは時期を逸しているというのが妥当であろう。それよりも、パブリックコミュニケーションという概念のもつ多様なありようを素直に受容し、過渡期にあるこのコミュニケーション環境の行く末について思いをはせることの方が建設的であるといえるかもしれない。

4-2：ま　と　め

　このように、パブリックコミュニケーションの概念は非常に多様で、なおかつ非常にあいまいな部分、そして現在進行形で考え方が変化している状況が理解できる。しかし、そのことはパブリックコミュニケーションを考える上では障害ではなく、むしろ利点ととらえるべきであろう。私たちを取り巻くコミュニケーション環境、メディアのあり方が大きく変化するなかで、そのダイナミズムを受け止めているのがまさにパブリックコミュニケーションという概念なのである。そうした意味ではもっとも現代的で刺激的な関心領域ということもできるだろう。この枠組みのもつ豊かな視座を、本書の多種多様な論考のなかから見出していただきたい。

（粉川　一郎）

【注】

(1) 国立情報学研究所が運営する学協会刊行物・大学研究紀要・国立国会図書館の雑誌記事索引データベースの総合検索サービス。2010 年 11 月時点で 1200 万件の論文情報が収録されている。

(2) コンテンツマネジメントシステムの略。

(3) プロフと呼ばれる携帯サイトの書き込みがもととなるいじめや青少年の性被害等、安易な情報発信が社会問題化しているのも事実である。

(4) たとえば市民メディアの考え方はマスコミにケーションに対するオルタナティブな存在として位置づけることもできるし、インターネットコミュニケーションもそのもともともつ反体制的性質を考えればマスコミュニケーションの対立概念として見なすこともできなくはない。

(5) この点について後藤もこう述べている「いずれの領域のパブリック・コミュニケーションにおいても、その多様なコミュニケーション活動のなかに、マス・コミュニケーションという特殊なコミュニケーション形態が必要に応じて取り入れられて、利用されているのは明らかなことである」。

【参 考 文 献】

地方自治研究機構, 1997,『新しい高齢者介護システムに対応する地域福祉体系構築に関する調査研究』.

林伸郎, 1976, 三浦恵次・阿久津喜弘編著『パブリック・コミュニケーション論』(学文社)『新聞学評論(25)』日本マス・コミュニケーション学会., 25：138-140.

公文俊平, 1995,「新しい産業革命」『高知新聞』.

三菱総合研究所, 2010,「パブリックコミュニケーションワークショップ Web サイト」(2010 年 11 月 1 日取得 http://sociosys.mri.co.jp./PCW)

三浦恵次, 阿久津善弘編, 1975,『パブリック・コミュニケーション論』学文社.

岡部一明, 1996『インターネット市民革命』御茶の水書房.

城山英明・木方幸久・宮崎洋子, 2007,『パブリック・コミュニケーション（PCM）〜日本の現状と今後の課題〜』ESRI Discussion Paper Series No. 188.

津田正夫・平塚千尋編, 2002『パブリック・アクセスを学ぶ人のために』世界思想社.

田村紀雄・白水繁彦編, 2007,『現代地域メディア論』日本評論社.

広報とは何か

　は　じ　め　に

　「広報」という言葉を聞くと、近年、テレビで行政や企業の記者会見が頻繁に報道されることもあり、多くの人々は、ニュースの記者会見の映像を想起するのではないだろうか。公的組織や企業の責任ある立場の人間が、不測の事態への対応を説明したり、また、不祥事、事故等の謝罪をしたりするというシーンに結びつけて、「広報」という活動が理解されている事が多い。あるいは、組織が広く知らせたい施策や、考え方、方針などを、映像や新聞記事に掲載されるためにマスメディアに情報提供する働きかけの活動、いわば宣伝の一種のようなメディア対策、「ピーアール」（PR）活動、つまり広告のひとつの形態であると単純に理解されている向きもある。

　では本来の広報とは、いったい何をもって定義するのだろうか。本章では、広報という活動が、社会のなかでどのような役割を果たし、それが社会の健全な発展にどのような意味をもつのか、そしてその考え方はどこから生まれてきたかという視座から、考えていくことを狙いとしている。

①　広報とは何か

　「広報」という言葉は、米国から入ってきたパブリックリレーションズ (Public Relations) ＝PR の訳語であり、直訳すれば、「公衆関係」である。組織体とパブリック＝公衆の関係性を存続させるための活動となる。広報という訳語が、本来の概念を正確に反映した語句であるかどうかは後述するとして、現在、日本では、広報とパブリックリレーションズが同義であると人口に膾炙されている。

公衆とは社会一般の人々のことを指し、社会学、パブリックリレーションズにおける概念では、マスメディアを媒介にした人々の集合体を意味する。つまり広い地域に散在していても、マスメディアが伝達する情報を受け、その影響を受けつつ世論を形成していく集合体のことである。今日、企業や行政が具体的な広報活動を行う際に対象となる「公衆」とは、その組織体となんらかの利害関係をもつ人々や集団、すなわち、利害関係者＝ステークホルダーという言葉で表現される。消費者、顧客、地域住民、従業員、株主、取引先、政府・行政、マスコミなどが、ステークホルダーとして設定される。

　そして、また広報の活動の枠組みも、米国からの輸入であり、考え方から、方法論、さまざまな手法も米国における、行政や企業の広報を原型としている。米国では300以上の大学に、広報の教育のための専門講座が設置されており、パブリックリレーションズ学科やコース等が開設され、研究も活発である。

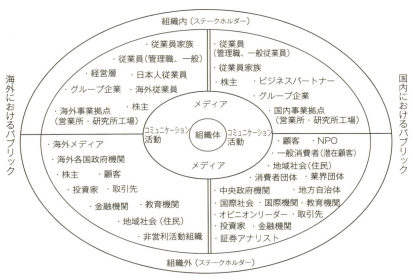

図 2-1　組織体とパブリックの関係図

(井之上喬，2006，19頁をもとに筆者が一部改変して作成)

スコット・M・カトリップ（Cutlip, S. M.）は、パブリックリレーションズを次のように定義している。

　　組織体とその存続を左右するパブリックとの間に、相互に利益をもたらす関係性を構築し、維持をするマネジメント機能である（Cutlip 2006＝2008：8）。

　つまり広報＝パブリックリレーションズを考えるにあたっては、三つの重要な前提がある。
　第一の前提は、パブリック、すなわち公衆こそが、組織の存続を左右するという認識である。公衆が、組織の存在の継続に重大な影響を与えるとはいかなることを意味するのか。組織とのかかわりが密接な一部の顧客や従業員、地域生活者、株主というよりも、パブリック、つまり公衆こそが、その組織に対しての評価を決定づけるということである。その例として、2000年6月におきた雪印乳業における食中毒事件があげられる。「雪印」は、歴史もあり、生活者に信頼も厚く、広く支持されていた国民的なブランドであった。しかしながら、食中毒を惹起した経緯に関しての納得の得られない説明、謝罪等の記者会見、経営者の情報公開や問題解決に対する姿勢への不満から、新聞等における報道は、年内いっぱい継続された。その報道内容の多くが、不正の事実、被害者について、組織の批判、問題ある対応などの報道記事であった。その後、さらに2002年1月、雪印乳業の子会社である雪印食品の牛肉原産地表示偽装事件も発覚した。これら一連の度重なる事件に関する報道を通して、人々は「雪印」というブランドへの評価を変え、企業姿勢を問う世論が高まっていった。こういった公衆の態度が、消費者、取引先等の行動へも、影響を与え、その後、「雪印牛乳」は市場から消えた。現在は、経営改革の多くの努力を重ね、消費者重視経営という理念を掲げ、牛乳製造部門の分離、他社との統合、さらに持株会社化等の経緯のなかで「メグミルク」としてのブランドに至っている。
　公衆を良き判断をする人々と定義したガブリエル・タルド（Tarde, G.）の学説もある一方、米国のジャーナリストのウォルター・リップマン（Lippman, W.）

は、公衆は利害に応じて変貌すると説いている。公衆は利害に敏感で、利己的な行動をとるし、社会の流れを正しく受け止めるような公衆は存在しない。リップマンは、公衆は幻であると明言している。つまり、世論は真実のすべてではなく、丁寧に注意を払う存在であるということである。

　二つ目の前提は、組織は、公衆とのあいだに相互に利益を分かちあう関係でなければならないということである。その組織が存在することによって、公衆を取り巻く環境社会にとって、間接的にも、なんらかの貢献があるということである。たとえば、大規模な商業施設が、ある地域に存在することは、企業から見れば進出であり、売上や利益確保の市場として地域を見る側面がある。また一方、地域にとっては、新しい就労の場の創出であり、モノやサービス入手の利便性も高まり、地域の付加価値の上昇とともに、人口流入や地価への好影響が考えられる。こうした両者の間の相互の利益を理解、納得し、分かちあうコミュニケーションが大切となる。これは公共の利益に資するということである。

　三つ目の前提は、広報とは、良き関係を構築し、維持するマネジメント機能であるということだ。マネジメントという用語が用いられると、経済合理性のみを追求する側面を想像しがちであるが、経済学者であり、宗教学、社会学にも言及しているピーター・F・ドラッカー（Drucker, P.F.）の説く、マネジメントの基本思想によれば、そう単純な解釈にはならない。[1]

　マネジメントとは、組織の成員が共通の目標により、協力して成果をあげることで、組織を通じて、その成果を社会に還元するための方法論である。企業を例にとってみると、企業の社会的責任は、100年前から言われていたことであり、現代では、社会の問題に取り組み解決するために、企業は何を行い、何を行うべきかという次元にまで進化している（Drucker 1973, 1974 = 2001）。

　では、公衆との関係性をマネジメントするとは、いかなることを示すのか。それは消費者をはじめとした、ステークホルダーに広く意見を聞き、組織の立場から考え方を伝え、互いの関係をよりよい方向へ調整し、認めあう関係を作ることである。また、広報の技術としての観点から「広報・パブリックリレー

ションズは、組織体とその組織と何らかの関わりを有する人々や集団との関係を円滑にし、相互に信頼できる関係をつくり、維持していく考え方であり、技術である」（猪狩 2007：2）ともされている。信頼できる関係をつくるには、双方向性が大切であり、修正や調整をしながら、互いの立場を認めていくというコミュニケーション技術が必要となる。広報とは、そうした高い倫理観に支えられて行う活動である。

② 広報の起源と歴史

　パブリックリレーションズという行為や言葉はどのような歴史的背景から、いつ頃から生じてきたのであろうか。パブリックリレーションズを人々の見識や行動になんらかの影響を及ばす結果につながる情報の伝達行為だと考えれば、古代からも未分化にせよ、なんらかの組織が生まれ、リーダーや権力者も出現し、それに伴い、人々を思う方向に導くための言辞や行動が存在していただろう。

　ギリシャ時代には、直接民主制が行われた都市国家もあり、権力者は、権力維持のために市民の意思や感情を忖度しながら、自己の影響力を誇示することに意を尽くしていた。これも一種のパブリックリレーションズである。近代の世論観察に似たような、民意という表現を用いて、市民の動向を見定め、情勢を推し量る材料にしていたことが推察できる。また民意を方向づけるために、民衆に対しての説得を試みる演説も数多く行われたであろう。

　民主主義（democracy）の語源は、ギリシャ語の“dêmos（人民）”＋“kratos（権力）”であり、民衆に権力が存するという原義から派生している。民主主義という思想は、もともとギリシャ時代に誕生した思想であり、“民の声”や“民の望み”は、権力者にとって、自由市民たちを統治していくうえで知るべき重要な事柄であった。このように権力者が、民衆をさまざまな形で説得する行為や方法は文明の発展、歴史とともに、進化し、洗練されていったと考えられる。パブリックリレーションズの公式的な活動については、すでに、紀元前 1800 年

頃に農作物の作付け法や灌漑方法、収穫方法を伝える"農業公報"が考古学者によって発見されているとされている（Cutlip, 2006＝2008）。

　また、ローマ人は、「民の声は神の声」という箴言を用いて、いわば「公衆」の意見は神の声であるというような思念を作り出していた。ルネサンス期の政治思想家ニッコロ・マキャベリは『政略論』（1517）のなかで、民の声を神の声に似ると言われることを否定できないとし、人民の世論は先を見通す不思議な力を持ち、むしろ君主の方が失敗を犯しやすいのではないかと説いた。

　民に問いかけ、民の声を聞くという行為は、リーダー、権力者が行動を選択する時の重要な判断材料になっていたことが推察できる。このように古代、中世と時代を超えて、民意、「公衆」の意見は欠くべからざるものとなっていた。

　近代のパブリックリレーションズの活動の方法については、その原型は、米国の独立戦争における草の根の愛国運動にあるとされている。（Cutlip 2006＝2008：110-112）アメリカ建国の父の一人と称される、サミュエル・アダムスなど、独立派の指導者たちは、パブリック＝公衆からの支持を重要視し、理性よりも感覚によって導かれるのが大衆であると考えた。独立運動を人々に普及、啓蒙していくために、感覚を捉える効果的方法を考案した。ただ、広場で、話すだけではなく、演壇や説教台、舞台をしつらえ行事を設定し、目に見えるシンボルを作り、政治組織などを活用して、世論を喚起することに努めた。さらに、そうした世論を組織化することについても、工夫をした。これらの世論形成のための活動方法や表現手段、道具立ては、米国におけるパブリックリレーションズの原型をつくったと評価されている。

　それは、効果的な6つの原則から成っている。

① キャンペーン行動の展開を担うことができる組織体をつくること。

② 見て、聞いて、わかりやすく識別でき、気持ちの一体化を図り、感情に訴求するシンボルをつくること

③ 抽象的ではなく、わかりやすく、だれもが理解できるスローガンをつくること

④ ボストン茶会事件の事例のような話題性を呼び、注目を集め、議論の盛り

上がる効果のある催しを行うこと

⑤ 市民に絶えず自分たちの考えを知らせる重要性を認識すること

⑥ 新しい考えを浸透させるコミュニケーション回路を作り、持続的かつ集中的なキャンペーンを行うこと

　大英帝国支持派の法律や軍の圧力に抗い、トマス・ペインは、歴史に残る名著『Common Sense』を出版した。米国が英国から独立することは、常識であると書かれたこの本は、市民の独立意識に火をつけ、「革命時の最大のPR活動」と、後に評価された。これら一連の独立キャンペーンは、世論の感情が、積極的な意思を行動に示す結果につながり、政治におけるパブリックリレーションズの雛型となった。(Cutlip, 2006 = 2008)

　その後の歴史でも、政治活動が、民意を高揚させるために、パブリックリレーションズの方法論や手法は発達し、20世紀以降、発展してきたメディア、マスコミュニケーションとパブリックリレーションズは統合的に成長していった。

③　広報とプロパガンダ

　政治におけるパブリックリレーションズは、第一次世界大戦後、やがて、政治宣伝として、戦争への世論形成の誘導策につながる時代を迎えた。とりわけ、ラジオという大衆メディアが普及したこととあいまって、政治宣伝の典型的なプロパガンダが繰り広げられた。ヒットラーのナチス政権における侵略戦争への世論喚起である。

　政治宣伝には技術の革新も大きな役割を果たしている。通信技術の発展により、新聞や出版の活字メディアから大衆に直接話し言葉でメッセージを伝えるラジオが登場した。声の資本主義とも言える音声を増殖する装置の普及である。ラジオは人々の耳を目覚めさせ、情感にあふれた耳からの情報は飛躍的に想像力をかきたて、音声を通じて同じ瞬間にその情報を共有するというオーディエンスの存在を作り出した。マーシャル・マクルーハン（Mcluhan, M.）は、ラジ

オというメディアは、新聞メディアとまったく異なる世界を作り出したとしている。ラジオは、人々の耳にある時は語りかけ、ある時はささやき、ある時は訴える、という一対一の対話の親密な関係を擬似的コミュニケーションとして作り出した。話し手と聞き手のあいだに、暗黙の意思疎通の世界を作り出す、とマクルーハンは定義した（Mcluhan 1965＝1967：384-398）。

　第一次世界大戦の終了後、世界の政治は新しい緊張関係に入った。ドイツで台頭してきたナチスは1933年、政権を樹立し、ヒットラーは、国民啓蒙宣伝省を設置し、大臣にゲッペルズを起用した。彼はドイツ国民の心にヒットラーの生きた言葉を一般大衆にわかりやすく、直接、語りかける煽動のコミュニケーション活動を展開した。ゲッペルズはケルンの大聖堂の司教にナチスの集会の始まる時間に合わせて、教会の大鐘楼の鐘を町中、村中に響くように、鐘を鳴らすことを依頼した。それに対し大司教は神への祈り以外に、政治集会のために鐘を鳴らすことを拒否したものの、ゲッペルズはその司教に圧力をかけたり、説得をしたりすることは一切行わなかった。しかし、当日、集会の時間が近くなると村中に、町中に鐘は大きく鳴り響いた。ラジオ放送局で鐘の音を鳴らしたのであった。ゲッペルズは教会の近くにラジオの大きなスピーカーを配置した。すると人々は教会で鐘が鳴っているかのように、教会前の広場に次々と集まってきた。このように祈りのために使う鐘の音をラジオで大きく鳴らすことによって、ナチスの集会の呼び出しはまるで神の召命のように人々の心に伝わった。ラジオはヒットラーの声で溢れ、ドイツ国民の耳に、日常的に繰り返される言葉が届き、ナチズムの大衆メディアによるプロパガンダは功を奏した。また、ヒットラーは映画という手段を用いて、ナチの思想を美的に、芸術的に、人々の感性に入り込むようなプロパガンダも行った。当時の新進気鋭の女優であり、映画監督であったレニ・リーフェンシュタールを起用してナチズムの主張するドイツ、アーリア民族の肉体の美しさを映画に作らせた。これが映画史に残る「民族の祭典」である。[2]

　ヒットラーは政治宣伝に多彩なアプローチを用いて、大衆の心理を操作した。ナチズムの理論を感情の高揚を高める炎や音楽や行進、芸術的、文化的手法と

して新古典的様式の建築等のシンボルを用いて、宣伝活動を展開した。一方、アメリカではルーズベルトがニューディール政策を繰り広げており、アメリカ国民の民意をひきつけていくために、ラジオというマスメディアを効果的に使うことに腐心していた。ルーズベルトは「炉辺談話」という番組に出演し、大統領1期目の4年間に31回もリビングルームのオーディエンスに語りかけた。ルーズベルトはマイクの前で、ソファでくつろいでいる隣人に話すように、来たるべきアメリカの豊かな国づくりについて語った。このラジオ番組を通して、多くのルーズベルトファンが生まれたといわれている。ルーズベルトとヒットラーは180度異なった話し方で、ラジオを利用し、聞き手を高揚させた。政治的な権力者が国民の心を引き込むためのアプローチは、語りかける声こそ違え、大衆に訴求する原理は同じであった。

　この時期にプロパガンダ[3]・大衆説得・世論調査というようなコミュニケーションやメディアについての研究が発展した。ラザースフェルド（Lazarsfeld, P. F.）が「コミュニケーションの二段階論」などの研究を発表したのもこの頃である。そして第二次大戦後も米ソ対立の冷戦時代、あるいは近年の冷戦構造崩壊後の東欧やイスラム諸国を中心とした国際紛争の中で、情報による世論操作はさらに巧妙な形で引き継がれていった。

　パブリックリレーションズは、時として、大衆説得の操作とも受け取られることが、今日においてもしばしばある。政策的な課題について、意図する方向への論理的な道筋を作り、とりわけ情緒的な手段で、大衆の意見、態度、信念をあらかじめ、意図する方向に変容させたり、一定の行為を起こさせる過程をいう。これも大衆操作の一方法である。大衆説得を可能にしたのは、マスコミュニケーションの発達によるところが大きい。

　大衆操作とは、説得の方法を用いて、大衆に一定の行動をとらせる過程をいう。政権政府等によって行われることが多いが、商業的宣伝でも、大規模かつ戦略的なキャンペーンは大衆操作の一例とみなすこともできる。強制的な手段を使わずに、言語やシンボルによる操作を用いて、受動的で、とくにその問題について考えていない大衆の心理に訴求していく。大衆がもっている非合理性、

表2-1　宣伝、広報、広告の概念の関係

活　動	宣　伝	広　報	広　告
関　係	政治→	公共性	←経済
領　域	国家→	公共圏	←社会
原　理(規準)	共同体原理 (善悪＝友敵)	公論 [世論] (真偽→共生)	市場原理 (利害＝損得)
状況	政権をめぐる政治的闘争	企業も組織もよき市民	産業経済の競争
キーワード	Intelligence=Information	Mass-communication	media<medium

（佐藤卓己2003；13 をもとに筆者が一部改変して作成）

情動性を一定の方向に形作り、同調を作り出していく。マスコミニュケーションが強力な役割を担い、大衆は操作できる存在として対象化していく過程が進んだ。こうして、大衆社会が進行し、また、大衆操作の方法も展開した。

 ## 4　行政と広報

　では次に、日本におけるパブリックリレーションズについて考えてみたい。パブリックリレーションズは第二次大戦後、マッカーサー率いる連合軍が日本を民主化する方針の提唱の下に始まった活動である。GHQ の幕僚部局である民間情報教育局（CIE）の目的は、平和的で責任ある日本政府の樹立と自由な国民の意思による政治形態の確立を目指すものであった。そのため CIE は世論動向調査の重要性を主張し、それが政府のなかに企画資料部世論調査という組織を作ることにつながったのである。CIE が日本に求めていた広報活動の主な役割は行政政策として正確な情報を各都道府県民に提供し、住民自身がそれを判断し、住民の自由な意思を発表させることに努めることであった。国民の知る権利と奉仕すべき政府の責任を CIE は後押しした。したがって、広く知らせるということが第一義となった。国民の理解を得てこそ民主政治は成功し、永久に栄えていく基本である。それには言葉や行動などのあらゆる表現を用いて、絶えず説明し理解を深めねばならない。そうした GHQ の哲学の上に則り、広く知らせるための技術、すなわち媒体を利用していかに広報活動を展開するかという機能が重視され、行政機関に独立広報部門が設置されたと言う歴史的経緯

がある。行政は、主に政策を国民、住民に広く知らせる活動を重点においたが、経済水準の上昇とともに、民意を聴くことの重要性が指摘され、広聴機能が設けられた。国民、住民の声を広く聴く活動は、今日、タウンミーティング、パブリックコメント、モニター制度、インターネット活用の意見交換システム等も導入している県もあり、政府、自治体とも、さまざまな手法で展開している。とくに、1995年に地方分権推進法が成立して以来、ニューパブリックマネジメントという公共の新しい経営方法が推進され、住民参加、住民の納得、住民の満足という指標を用いて、行政サービスを展開する自治体が増加した。いまや、自治体は、少子高齢化による税収低下、地方の自立、少数精鋭の自治体経営、自治体間の競争等、厳しい環境のなかでの広報活動を考えなければならない。そこでは情報発信機能としての広報と情報収集機能としての広聴システムのあり方が大きな要となっている。日々、住民から大量のアクセスのある公式ホームページのあり方も、住民への広報の方針、姿勢が問われる大切なツールである。多くの行政は、政策を浸透させることと、国民、住民との信頼関係をいかに醸成していくかが大きな課題となっている。

企業と広報

　1950年代後半になると日本は高度経済成長期に入り、アメリカ型のマーケティングの概念が導入され始め、企業における広報にマーケティング型のPRが積極的に広がっていった。やがて日本でテレビが普及し、マスメディアを中心にした広告宣伝活動が活発になるなか、広報は産業界とメディアの調整型情報提供者となっていく。また1970年代の公害問題等相次ぐ企業不祥事、2度にわたるオイルショックのなかで企業の社会的責任に関する議論が起こってきた折には、企業内に消費者担当の窓口が置かれ、経営者の理念や企業姿勢のあり方が議論されるようになり、企業に広報部門や消費者部門が多く設立されるようになっていった。そして1980年代90年代と経済環境が大きく変わり、近年、企業の行動原理は社会的役割を果たすことにより、健全な成長を実現できると

いう考え方が広まってきた。"企業市民"というキーワードも誕生してきた。一方、グローバル経済が進み、金融市場が大きな影響をもち始めて、利益偏重に走る米国型の企業モデルも登場した。虚偽の財務情報操作をした米国のエンロン事件を始めとして、信頼性を損なうような流れが広がった。今日、企業と社会との重要な問題は、安全と信頼ということが大きなテーマとなり、企業は経営理念、組織理念、企業姿勢の再整備に努め始めているといえる。

　今日、企業にとって広報活動のもっとも大きな目的は何であろうか。企業イメージの向上、消費者に製品やサービスを認知、理解してもらうことにより、売り上げの向上を図ることなのか。従業員に企業の向かうべき方向性や従業員同士の情報や考え方を共有し、働きやすい職場と事業活動への参加を通して、モチベーションを高めることなのか。あるいは、株主に対して財務的な情報公開を積極的に進め、株主からの支持を得ることなのか。地域にとってその企業が寄付やボランティアを行い、地域住民へ社会貢献活動を積極的に展開していることなのか。

　企業の社会的目的はひとつだけでは収まらない。本章の冒頭で記述したように、企業には多様な利害関係者が存在する。たとえ、製品やサービスが優れており、業績は順調に推移しているといえども、その企業の経営姿勢に瑕疵がひとつでもあれば、その企業の評判はたちまちのうちに失せてしまう。企業にとってその存続が危ぶまれるのは、いわば世論における評価である。1960 年代、ラルフ・ネーダーによる消費者運動がアメリカで活発になり、時を同じくして日本では、水俣病をはじめとするおぞましい公害問題が発生した。以降、消費者運動が活発になり、消費者の権利が日本でも法的に整備され、消費者保護法という法律が制定された。

　しかし、2006 年に消費者保護法は消費者基本法に改正され、消費者は保護すべき存在から、消費者自身が自ら情報を入手し、みずから調べるという自立的な力を持った消費者像に変わった。消費者基本法においては事業者の責務として、消費者の安全、消費者との取引における公正の確保を定める一方、消費者に対し、必要な情報を明確、かつ平易に提供することとしている。また、会社

法の改正、金融商品取引法の成立等、日本における、広報を取り巻く企業環境は移り変わってきた。

　企業を取り巻く法的な整備は、製造物責任法、個人情報保護法と進み、組織のなかで公益に反する事実を従業員が通報できるように公益通報者保護制度も、整備されてきた。近年の企業や、行政における、不祥事の情報は、従業員からの通報に端を発することが増加しているとされている。

　行政でも企業でも、情報公開は、さまざまな法により義務づけられ、また必要があれば説明責任を求められる。広報の実際は、何よりも透明性を高め、事実に基づいた情報提供、双方向性、人間的アプローチ、そして公共の利益と一致させることが重要である。

　では、こうした社会環境の変化のなかで、組織体と世論の調整を図るという複雑な要素をもつ、広報という実務的役割には、いったいどのような技術や能力が必要なのか。文章表現能力、説明能力やコミュニケーション力の基礎的技術はもちろんであるが、広報に関する専門知識と技術や技法だけで済まされるわけではない。関連の法規に知見があること、また、当該の組織の活動全般に精通していることは言うまでもない。加えて、公徳心を供えていることが望ましい。多角的な、多様な、多元的な関係性を配慮していくには、きわめて成熟した人間性が求められる。さらに組織がおかれた環境を長期的な文脈で見通すことのできる先見性、利害関係の調整にあたっては情緒に陥らぬ合理的な判断も大切であり、また、社会観、人間観を支える豊かな考え方や深さも大切であろう。そして、組織内にあって、組織を客観的に見ることのできる「第三者性」という立脚点を担保し得るかどうかが、広報の活動にとっては、最重要テーマといえよう。

（江上　節子）

【注】

(1) ドラッカーは、ベニントン大学で哲学と宗教で教鞭をとっていた経験からも、氏の構想したマネジメントは、個人、集団、社会が成果を生み出していく文明としての関心事から出発し、人間の社会的存在としての幸福、社会の発展という構図の中で、企業

とは何か、あらゆる種類の組織にとって必要な、マネジメントという概念を考案した。

(2) 1964 年の東京オリンピックの記録映画を製作した著名な監督の市川昆は、このレニ・リーフェンシュタールが製作した「民族の祭典」の映画の演出や撮影法に大きく影響を受けていたという。

(3) プロパガンダという言葉はもともと、キリスト教の布教を意味していた言葉であるが、現代においては権力者が画策する政治宣伝という意味に理解され、否定的な評価をもって解釈される。従って、プロパガンダという表現は広報あるいは広告宣伝の分野ではあまり用いられないようになった。

【参 考 文 献】

Bernays, Edward., 1928, *Propaganda*, New York：H. Liveright.（＝ 2010, 中田安彦訳・解説『プロパガンダ［新版］』成甲書房.）

Cutlip, Scott M., Allen H. Center, and Glen M. Broom, 2006, *Effective Public Relations* 9th ed., New York：Pearson Education Inc, as Prentice Hall.（＝ 2008, 日本広報学会監修『体系　パブリック・リレーションズ』ピアソン・エデュケーション.）

Drucker, Peter F., 1973, 1974, *Management*：*Tasks, Resposibilies, Practices*.（＝ 2001, 上田惇生編訳『マネジメント基本と原則』ダイヤモンド社.）

江上節子監修指導「組織とメディアコミュニケーション『企業の不祥事とイメージの回復に関する考察」『2009 年江上節子専門演習活動報告書』江上節子研究室・武蔵大学.

藤原邦彦, 2002,『雪印の落日』緑風出版.

猪狩誠也編著, 2007,『広報・パブリックリレーションズ入門』宣伝会議.

井之上喬, 2006,『パブリックリレーションズ　最短距離で目標を達成する「戦略広報」』日本評論社.

Lippmann, Walter, 1922, *Public Opinion*, New York：The Macmillan Company.（＝ 1987, 掛川トミ子訳『世論（上）』『世論（下）』岩波書店.）

Lippmann, Walter, 1925, *The Phantom Public*, New Brunswick：The Phantom Public.（＝ 2007, 河崎吉紀訳『幻の公衆』柏書房.）

Marshall McLuhan, 1965, *Understanding, Media,—The Extensions of Man*, New York：McGraw-Hill（＝ 1967, 後藤和彦, 高儀進『人間拡張の原理—メディアの理解』竹内書店）

三浦恵次, 阿久津喜弘編著, 1975,『パブリック・コミュニケーション論』学文社.

Machiavelli, Niccolà, 1960, *Discorsi*, Sergio Bertelli, Milano：Feltrinelli,（＝ 2011, 永井三

　　　明訳，『ディスコルシ「ローマ史」論』筑摩書房）

Tarde, Gabriel, 1922, *L'Opinion et la Foule*, Paris：Alkan.（＝1989, 稲場三千男訳『世論
　　　と群集 新装版』未来社.）

田崎篤郎・児島和人，2003，『マス・コミュニケーション効果研究の展開（改訂版)』北樹
　　　出版.

津金澤聡，佐藤卓己責任編集，2003，『広報・広告・プロパガンダ』ミネルヴァ書房.

Watson, Tom.；Noble, Paul., 2005, *Evaluating Public Relations*, London：Kogan Page
　　　Ltd.（＝2007, 林正，石塚嘉一，佐桑徹監訳『広報・PR 効果は本当に測れないの
　　　か？』ダイヤモンド社.）

吉見俊哉，1995，『「声」の資本主義』講談社.

雪印メグミルク株式会社ホームページ（2011 年 8 月 25 日取得，http://www.meg-snow.
　　　com/).

市民メディアの
誕生と発展

 は じ め に

　市民メディアとは、いわゆるプロがその担い手となるマスメディアと異なり、メディアを活用した情報発信を生業としない一般の市民によって生成させるメディアである。今日では情報発信ニーズをもった市民が、ネット上での電子掲示板、ブログ、SNS、Twitter 等の消費者生成メディア（CGM）を通して、自らのメッセージを社会に伝えることが容易になった。

　さらに近年、自治体等による地域 SNS が全国各地に誕生しており、一時は市民と自治体関係者双方の参加によるオンラインコミュニティ上での地域の課題解決や合意形成を行う協働ツールとして注目された。ただ多くの地域 SNS が、地域のさまざまな活動に関わる、行政との回路をもつメンバーに限定されたクローズドなグループメディアとしての性格を少なからずもち、コアメンバー周縁の一般市民にまで裾野が十分に広がっていないといった問題もある。また地域 SNS というコミュニケーション手段に積極的でない（あるいは IT スキル自体をもたない）サイレントマジョリティが存在するため、地域 SNS による直接民主主義は成立せず、あくまで市民の声を行政に伝えるひとつの手段として機能しているのが現状である。

　ほかに地方自治への市民参加に向けて、こうしたオンラインコミュニティを補完する役割を担っているのが、情報発信したい市民、および市民グループによる CATV やコミュニティ FM での放送、あるいはミニコミ等を活用した市民メディアである。放送や紙媒体といったネット以外の市民メディアは、2000年以降にブロードバンド環境による常時接続が普及して CGM コミュニティが拡まる以前から存在し、一方でまたマスメディアとは異なる市民による当事者

ジャーナリズムの役割も果たしてきた。

　本章では、このような市民メディアの誕生と発展の歴史についてみていきたい。

① 活字系市民メディアの推移

1-1：ミニコミ書店「模索舎」設立まで

　76年から2001年まで25年間にわたってミニコミを収集、保存、公開してきた住民図書館の館長を務めた丸山尚の著書、『「ミニコミ」の同時代史』によると、日本で自立した市民が自主的に発行する出版物としてのミニコミが誕生したのは、60年代である。同じ丸山の著書、『ミニコミ戦後史』では、それ以前にもさまざまな自主出版物が全国各地で発行されていたことを紹介しているが、ほとんどは職場の労働組合や地域の学校や青年団等の組織の機関誌や会報、あるいはそうした組織のメンバーがサークルや同人を立ち上げて発行したサークル誌や同人誌だった。福岡県の筑豊地域を中心に、各地のサークル活動相互の交流と連帯を目的とした『サークル村』のような機関誌も、58年に生まれている。

　ところが60年の日米安保条約反対運動のなかで、「声なき声の会」という無党派の市民運動が登場し、『声なき声のたより』というミニコミが発行されるようになった。さらに65年にアメリカが当時の北ベトナムへの北爆を開始し、これに対して日本ではベトナム反戦平和を目的とした無党派の市民運動を展開する「べ平連」が発足して、『べ平連ニュース』というミニコミを発行する。この「べ平連」、および『べ

図3-1　70年に新宿にオープンしたミニコミの殿堂「模索舎」

平連ニュース』に触発され、その後、60年代後半に各地に多くの無党派の市民運動とミニコミが誕生した。

　かつて新宿のミニコミ書店「模索舎」の代表をしていた五味正彦によると、67年以降、各地で自立した市民の連帯による運動とともにミニコミがあらたに生まれていったという[1]。そのなかには五味が代表を務めたノンセクトの学生運動「べ反学連」と、そこに参加したメンバーが制作したミニコミの『摸索』、あるいは五味が大学キャンパスの外で関わっていた市民運動の「ベトナム反戦市民の声」と、そこで五味自身が制作した会報等がある。五味は69年に大学を「抹籍」された後、総評系の「国民文化会議」という団体の職員をしながら、津村喬の『魂にふれる革命』という本を出して話題となったライン出版や、総会屋系左翼雑誌『構造』に集まるメンバーと関係をもった。この頃は、学生運動に参加していてほかに就職口のなかった者が、数多く中小出版社や総会屋系雑誌の編集部に関わって仕事を得ていた。五味はこうした周囲の人たちに呼びかけて、70年に50名ほどの同世代の仲間とともに「模索舎」を立ち上げた。

　当時、ガリ版印刷機がさまざまな市民運動の現場に普及しており、ガリ版で多くのビラが刷られるとともに、有料のミニコミも発行され、街頭で手売りによって売られていた。だがミニコミの最大の売り場となった新宿駅西口での反戦フォークゲリラ集会が機動隊によって排除され、追い出された人たちが集まることのできる溜まり場、そして各地のさまざまな市民運動に関するミニコミが入手できる情報センターとしての場を求める声が高まった。そんななかで「模索舎」は当初、溜まり場としての飲食店とミニコミ書店を併設し、「スナックシコシコ＋情報センターへの模索舎」としてオープンした。

1-2：70年当時のミニコミをめぐる状況

　「模索舎」がオープンした70年頃、多くのミニコミがベトナム反戦のような政治運動系の市民運動と一体となって発行されていた。またそこで原稿を書いていた今でいうメディアアクティビストにあたる人たちは、商業誌として数多く発行されていた総会屋系雑誌（主にオピニオン誌）にも寄稿していた。当時、活

字メディアの領域では、マスコミである新聞が60年安保の時の七社共同宣言で
デモ活動に対する反対の姿勢を鮮明にして以来、政治運動系の市民運動に携わ
る人たちからは「ブル新」（ブルジョア新聞）として位置づけられていたが、雑誌
（オピニオン誌）の世界は、その書き手がミニコミと渾然一体となっていた。いわ
ゆるメディアアクティビストにとっても、商業誌の領域で、メディアアクセス
の場が保障されていた時代である。だがその後、81年の商法改正による規制の
影響で、総会屋系雑誌のほとんどが廃刊となり、商業誌の領域からメディアア
クティビストは閉め出されることになった。

　そして五味を中心に「模索舎」の立ち上げに資金やみずからの労働を提供し
た人たちは、全員が市民運動とミニコミによる社会変革を強く意識していたわ
けではないものの、商業出版物と違って不安定なミニコミの流通を事業化する
ことで、さまざまなミニコミが仲間内にとどまらず、広く世の中の人の目に継
続してふれるしくみを作ろうとした。当時、ほかに「ウニタ書房」というミニ
コミ書店があったが、こちらの棚に置かれていたのはいわゆる左翼系セクトの
機関誌等が中心で、それに対し「模索舎」は、「ミニコミに排除の論理はない」
をモットーに、持ち込まれたあらゆる種類の自主出版物を分け隔てなく扱った。
その後、「ウニタ書房」も時代の流れの中で訪れる利用者が激減して店仕舞いし
たが、「模索舎」はなんとか存続して2010年に40周年を迎えた。

　ただ「模索舎」も時代が移り変わるのに伴い、その運営形態を変えていった。
当初、ミニコミ書店とともにオープンした「スナックシコシコ」では、イベン
トスペースとして小川プロダクションの自主制作映画上映等、さまざまなアン
グラ系の上映会や展示会等のイベントも行われたが、長時間滞在する客が多く
て採算が合わず、閉店してミニコミ書店のみとなった。ちなみに当時の「スナ
ックシコシコ」のようなアングラ系イベントスペースは、今日では95年に新宿
にオープンしたトークライブハウスの「ロフトプラスワン」へと引き継がれて
いる。また72年には猥褻図書として永井荷風の『四畳半襖の下張』を掲載した
雑誌が店頭に置かれていたことで、五味自身の言葉を借りれば「猥褻を理由に
ミニコミ書店を狙った弾圧」によって五味が逮捕され、その後6年余りの間、

裁判に巻き込まれる。こうしたトラブルを抱えるなか、「模索舎」は当初の有限会社から任意団体となり、所有権をもつ発行元からミニコミという商品を委託されて店頭に置いているという立場を明確にした。

1-3：その後のミニコミの歴史

　「模索舎」のスタートと前後して、71年に全国各地で発行されるミニコミを収集して公開する日本ミニコミセンターが設立された。この日本ミニコミセンターは、資金難等により3年余りで閉鎖となるが、代表を務めた丸山尚を中心に、76年に住民図書館が設立され、その後、四半世紀にわたってミニコミの収集、保存、公開を行った。諸事情により日本ミニコミセンターで収集されたミニコミがそのまま引き継がれなかったため、70年代前半までのミニコミで欠けているものが多いが、76年以降に住民図書館で収集したものは、住民図書館閉館後、埼玉大学を経て、現在立教大学で保存、公開されている。

　住民図書館は市民がみずからの手でさまざまな市民活動の資料であるミニコミを収集・保存しようとした取り組みだが、ほかにもうひとつ行政による取り組みとして、東京都が美濃部知事のもとで革新都政だった72年に、市民運動を支援するため東京都立多摩社会教育会館内に設置した市民活動サービスコーナーがある。ここが財政難を理由に2002年に廃止されるまで30年余りのあいだ、さまざまな市民活動の資料であるミニコミを収集・保存しており、そのなかには70年代前半に発行された住民図書館にないものも多く含まれている。この市民活動サービスコーナーが収集した資料を再び市民が利用できるよう、「市民活動資料・情報センターをつくる会」が2006年に発足し、現在、そのために必要な基金を集めている。

　一方、「模索舎」では、70年代後半から政治運動系の市民運動は退潮へと向かったものの、「タウン誌を始め、環境問題やフェミニズム関係のミニコミが新たな売れ筋となり、（五味が代表を退く）87年まで売上自体に大きな変化はなかった」（五味）という。「模索舎」は取次を通さず発行元とじかに取引きし、売れた金額の3割を取り分にして、スタッフには公務員の大卒初任給に多少満たない

程度の給与を払う形で、今日までの40年間続いてきた。経営が悪化したのはここ数年のことで、その背景にはネットの普及と若者を中心とした活字離れがある。

　70年代後半から80年代にかけて「模索舎」の店頭に並ぶようになったタウン誌の先駆けとなったのは、新宿で69年から73年にかけて新都心新宿PR委員会が発行した『新宿プレイマップ』である。これに続いて71年に大阪で、タウン誌でありかつ情報誌の先駆けともなった『プレイガイドジャーナル』が創刊され、その後、全国各地でタウン誌は創刊ラッシュを迎えた。

　またこの時期、特定の趣味の世界をテーマに顔の見える仲間内のグループで発行されていた同人誌が、その後、強大な流通市場を形成するきっかけとなる第1回コミックマーケットが開催された。これは75年に「迷宮」という漫画批評の同人サークルが、「日本漫画大会」というイベントを批判してそこへの参加を拒否されたことをきっかけに、批判者を排除しない誰もが参加できる表現の多様性を許容する場として開催した同人誌即売会だった。そのため初期の頃は「表現の自由」を理念に掲げて参加者同士が交流する文化運動的な側面を強くもっていた。だがその後、参加サークル数、来場者数が急増し、今日のように参加サークル数（ブースのスペース数）3万5000、そして3日間で延べ50万人以上が来場するお祭り的な巨大イベントになってからは、多くの参加者のなかで文化運動への参加という意識は薄れている。

1-4：小出版物のあらたな流通ルート

　70年代後半から80年代にかけてかつて政治運動系の市民運動とともに社会の潮流を創ったミニコミはその影響力を消失し、代わりにタウン誌と同人誌が隆盛を極めるが、その理由のひとつにそれぞれ独自の流通ルートを構築したことがあげられる。従来の政治運動系の市民運動を母体とするミニコミは、市民運動の退潮とともに集会等の流通の場を縮小した。けれども地域コミュニティを対象にしたタウン誌は、エリア限定のため書店に限らずさまざまな店舗に持ち込んで置いてもらうことで、全国各地に定着していった。また同人誌は、今

日では 2500 人ものボランティアが無償で運営に携わるコミックマーケットをはじめ、多くの同人誌即売会が生まれて巨大な市場が形成されたことで、同人誌の委託販売を行う専門書店も各地に誕生した。

　こうした流通ルートの確保は、市民メディアの普及にとって不可欠のものである。80 年代に入って商業誌の領域では、総会屋系雑誌の廃刊によって政治運動系の市民運動に関わる市民の書き手が閉め出された。だが一方で、市民運動の中心が各地域の人々の生活に密着した環境、教育、医療、福祉等の社会問題に関わる住民運動的なものへ移行していくとともに、住民運動を母体にしたミニコミが作られていった。そしてプロのジャーナリストではない当事者である市民の書き手による書籍や雑誌が、中小の出版社から少なからず発行された。こうした一般の市民が著者の小部数の書籍や雑誌を、大手取次は積極的に扱わないが、かつて「模索舎」の店員だった川上賢一が 76 年に設立した地方・小出版流通センターは、そうした小部数の書籍や雑誌を専門に扱う取次である。

　また「模索舎」代表だった五味は、87 年に「模索舎」を離れ、有機本屋「ほんコミュニケート社（ほんコミ社）」を立ち上げた。「ほんコミ社」は、書店とともに小部数の書籍や雑誌の問屋をその業務としたが、卸先の多くは書店ではなく、有機農産物やエコグッズと併せてそんな商品に関連した書籍や雑誌を売りたいという自然食品店や生協だった。顧客に五味自身が選んだ本を卸すため、あえて取次ではなく「本の問屋」を名乗った。このように書店ではない流通ルートを開拓することで、小部数の出版物が全国各地の、それらを本当に必要とする人のもとに届けられることの意味は大きい。

　一方、小部数の出版物でも、もともと労働組合等の組織がまとまった部数を購入していたものは、同時期に労働運動の退潮と再編の影響を受け、逆に流通ルートを失うケースが多かった。67 年に NHK の職員の労働組合である日放労を中心に結成された日本マスコミ市民会議は、マスコミ労働者と一般の市民をつなぐ『マスコミ市民』という雑誌を発行して、プロのマスコミ人やさまざまな市民運動の担い手の市民が、原稿料なしで書きたいことを自由に書ける場を目指した。だが日放労が加盟していた総評が解散して連合に移行するなか、『マ

スコミ市民』はそれまでの総評系の組合との関係が切れ、90年代以降は何度も廃刊の危機に直面した。その後、現在ではNPO法人マスコミ市民フォーラムを発行母体とする市民メディアへと転換していった。

映像系市民メディアの台頭

2-1：自主制作映画の隆盛

　市民運動の高まりとともに各地で多くのミニコミが創刊された60年代後半以降、ミニコミ以外の市民運動側のメディアとして、自主制作映画がさまざまな現場で制作されるようになる。

　山形国際ドキュメンタリー映画祭の生みの親でもある小川紳介は、大学通信教育制度改定をめぐる4人の学生の反対闘争を記録した「青年の海」（66年）、高崎経済大学闘争の記録「圧殺の森」（67年）、羽田闘争の記録「現認報告書」（67年）を制作した後、小川プロダクションを設立して三里塚に移り住み、成田空港建設に反対する農民の闘争を記録した三里塚シリーズ7作品を制作する。立川市では、69年から77年の返還に至るまでの米軍立川基地撤去闘争を、当時、20代だった地元の豆腐屋の青年が、4本の自主制作映画に記録した。また学生運動が活発ななか、その内部にカメラを持ち込んで多くの映像が記録され、康浩郎が主宰した大阪自主映画センターによる「大阪の夏」（68年）のように、100名近いメンバーが集団制作した作品もある。だが60年代後半の自主制作映画のなかには、國學院大学映画研究会が制作した「仮題・飢餓の饗宴27」（69年）をはじめ、プリントが行方不明になっているものも少なくない。

　70年代に入ると学生運動の急進化により、多くの若者が運動の場を離れた。この時期、パレスチナ解放闘争を撮った、若松プロダクションによる「赤軍―PFLP世界戦争宣言」（71年）、横須賀の在日米軍基地問題をテーマにした荒井英郎の「われわれは監視する」（75年）、韓国で拘束された在日韓国人政治犯問題をテーマにした岡本愛彦の「告発 在日韓国人政治犯レポート」（75年）、「世界人民に告ぐ！」（77年）、韓国人従軍慰安婦をテーマにした山谷哲夫の「沖縄の

ハルモニ」(79 年)、カンボジアの難民キャンプを撮った青池憲司の「叫びと囁き カンプチア難民からの報告」(80 年)等の政治問題をテーマにした作品も生まれたが、自主制作映画の中心は、個々の地域とそこで暮らす人々の生活に密着した社会問題をテーマにしたものへと移っていった。

広島では戦後四半世紀余りを生きた被爆者の生活をテーマに、原爆投下後に撮影されたフィルムや資料をもとに編集された松川八洲雄の「ヒロシマ・原爆の記録」(71 年)、8 ミリ映画サークルの広島エイト倶楽部が被爆者のさまざまな証言を撮影した「ヒロシマ 31 年目の証言」(76 年)等、多くの作品が制作された。そのなかには韓国人被爆者を取り上げた布川徹郎の「在韓被爆者・無告の二十六年」(71 年)のような作品もある。

また 70 年代に各地で大きな問題となった公害や乱開発について、水俣では 71 年から土本典昭が、水俣病をテーマに多くの作品を世に出したことで、水俣病の存在を世界に知らしめた。この土本の仕事を先駆けに、カネミ油症被害の実態を記録した岡田道仁の「生木が立ち枯れていくごたる」(76 年)、鹿児島県の諏訪之瀬島の開発問題を記録した上野圭一の「スワノセ・第 4 世界」(76 年)、沖縄本島の金武湾における CTS(石油備蓄基地)反対の住民運動を記録した吉田豊の「沖縄列伝・第一」(78 年)、アテネフランセ東京の映画技術・美学講座の受講者が六価クロムによる東京の江戸川区の土壌汚染をテーマに卒業制作した「東京クロム砂漠」(78 年)、クロロキンの薬害事件を取り上げた小池征人の「薬に病む クロロキン網膜症」(80 年)等の作品が生まれた。

2-2：自主制作映画のテーマの拡がり

70 年代の自主制作映画の普及は、単に各地の社会問題をテーマに映像作品が制作されるようになっただけでない。そのテーマが加害者(国家・企業)と被害者(住民)という形での対立関係の枠組みが単純なものだけでなく、人権や障害者や老人福祉のようにより問題の幅が多様で複雑なものへと拡がった。

そうした作品として、ハンセン病への偏見や差別を告発した中山節夫の「あつい壁」(70 年)、筋萎縮症の子供たちの生活を撮った柳澤壽男の「ぼくのなか

の夜と朝」（71年）、筋萎縮症の患者自身が全国各地の同じ病を抱えた患者をインタビューして回る姿を撮った相沢道義の「車椅子の青春」（77年）、精神病院の患者の人たちによる舞台公演を記録した千秋健の「もうひとりのアリス」（78年）、重度心身障害児施設の子供たちの生活を記録した中山節夫の「いまできること……芦北学園の子供たち」（79年）、障害者による養護学校義務化阻止闘争を記録した大石十三夫、山邨伸貴の「養護学校はあかんねん！」（79年）、長野の佐久地方で生きる5人の老人を撮った「老いる」（79年）、そして「あるアプローチ 自閉症児療育者の記録」（77年）から自閉症の子どもの問題をテーマに撮り続けた的場徹の作品等がある。

　さらに70年代には、社会問題を取り上げたドキュメンタリー以上に、各地域社会での個々の生活者の日常を記録したドキュメンタリーが数多く制作された。三里塚で農民による成田空港建設反対闘争の記録を撮った小川プロは、74年から山形県上山市牧野に移り住み、合い間に横浜のドヤ街に出かけてそこでの人々の生活を撮った「どっこい！ 人間節 寿・自由労働者の街」（75年）のような作品を発表しつつも、山形の地で農業を営みながら作品制作を行った。沖縄では72年の返還前に、東陽一の「沖縄列島」（69年）、布川徹郎の「モトシンカカランヌー」（71年）といった当時の政治・社会情勢のなかで暮らす沖縄の人々の日常を記録した作品が制作されたが、本土復帰後も水納島から宮古島に移住した人々の生活を記録した山谷哲夫の「みやこ」（74年）、復帰後の沖縄の風景を撮った高嶺剛の「ウチナー イミ ムヌガタイ」（75年）、与那国島の人々の生活を記録した古野克己の「幻想のティダン」（80年）といった沖縄の人々の日常を舞台にした数々の作品が制作されている。さらに茨城の消費者自給農場「たまごの会」の活動を記録した松川八洲雄の「不安な質問」（79年）、遠洋マグロ漁船に乗り込み、そこで働きながら撮影した黒田輝彦の「ザ・サカナマン」（79年）、劇団「曲馬団」の全国巡業を追った布川徹郎の「風ッ喰らい 時逆しま」（79年）のような作品もある。

　もうひとつこの時代に登場したあらたな作品の形態として、制作者がみずからを記録した今日のセルフ・ドキュメンタリーにつながる作品がある。全国各

地を旅しながら撮った原正孝の「初国之知所天皇」(73年)、かつての同棲相手のもとを訪ねてその出産シーンを撮った原一男の「極私的エロス・恋歌 1974」(74年)、そしてみずからのプライベートな日常を記録した鈴木志郎康の数々の個人映画がある。さらに岡山大学闘争の際に学生の側に立った造反教官として処分を受けた萩原勝が大学を去るまでを記録し、そのインタビュアーとしてみずからを画面に登場させた能勢伊勢雄の「共同性の地平を求めて」(75年)も、この系譜に含まれる。

　このように自主制作映画のテーマが、ミニコミ並みにさまざまな領域に拡がり、自主制作映画の作り手の数が増えるなか、77年には情報誌の『ぴあ』による第1回ぴあ展の映画部門の企画として、自主制作映画展が開催された。そして翌年以降も継続開催されるようになり、81年からは「ぴあフィルムフェスティバル（PFF）」の一般公募部門（PFFアワード）として今日に至っている。

　単に招待作品を上映するのではなく、一般公募の中から優れた自主制作映画をコンペティションにより広く世の中に紹介する映画祭が生まれたことの意味は大きい。「新しい才能の発見、紹介、育成」をテーマに掲げた PFF からは、多くの若い世代の自主制作映画監督が育っていった。

2-3：市民映像の時代の到来

　70年代後半、自主制作映画は学生をはじめとした若い世代を中心に数多くつくられるようになるが、その背景には、テレビ業界の繁栄に伴うもうひとつの映像業界である映画業界の衰退がある。商業映画の助監督の採用が少なくなったため、映画制作を目指す当時の若者の多くは、自主制作映画に進出した。ただしフィルムで撮る映画の制作費は、16ミリはもちろん、8ミリでもフィルム代と現像代で相当な金額になり、誰もが簡単に作品を制作できる環境ではなかった。そして若い世代の作り手の多くは、それを足がかりとして、将来、商業映画でのデビューを目指していた。これはガリ版で簡単に制作することができ、また作り手のほとんどが活字メディアの領域でプロを目指しているわけではない、ごく一般の市民であるミニコミの世界とは、大きく異なる点だった。

こうした状況を変えるきっかけとなったのは、一般の市民がフィルムよりも手軽に扱える民生用ビデオ機器の登場である。そして78年にはじめてポータブルビデオシステムを発売した日本ビクター（JVC）は、その年、ビデオによる市民映像の普及を目指し、市民がビデオで撮ったアマチュアビデオ作品を発表する場として、東京ビデオフェスティバル（TVF）の開催を発表した。TVFは単なるビデオによる映像作品のコンテストという位置づけではなく、「作品を通じて自分を表現し、より多くの人と語りあい、心を通わせあうビデオコミュニケーションの祭典」をコンセプトに掲げた。そのため審査方針も、「技術の優劣やテーマの大小ではなく、市民が制作した作品として内容の優劣を問う」ものになっている。

　79年に開催された第1回TVFでは、応募された257作品のなかからビデオ大賞を受賞したのは、神奈川県川崎市立御幸中学校放送部の「走れ！ 江の電」だった。中学校の放送部の生徒たちが、年間を通して移り変わる四季の風景のなかで走る江の電の姿を、駅員や沿線住民への取材を交えて撮った作品で、地域に根差した新しい市民ビデオ文化の出発点となった作品である。

　その後、TVFには多くの市民がビデオ作品を応募するが、ジャンルは多岐にわたり、生活者みずからを記録したセルフ・ドキュメンタリー的な作品はもちろんのこと、各地域で暮らす人々の生活に密着した社会問題や、地域社会のなかでの個々の生活者の日常の記録等、70年代に自主制作映画がテーマにしたものを網羅するようになる。70年代は、自主制作映画のスタッフがさまざまな現場にカメラを持ち込み、そこで撮影した映像を作品にしたが、80年代以降、もともとそこで生活していた市民がみずから撮影した映像を作品にして、TVFのような市民映像祭の場

図3-2　終了したTVFを引き継いでNPO法人を母体に2010年に開催された「市民がつくるTVF」

で発表するケースが目立つようになった。

2-4：市民映像のあらたな流通ルート

　民生用ビデオ機器の登場は、あらたな市民映像の作り手を生むとともに、市民の作品の流通ルートも生み出した。すなわち 70 年代までの自主制作映画は、自主興行等による上映会で作品を上映し、その場に集まった人たちに見てもらって制作費を回収したが、80 年代になりビデオ機器が家庭に普及したことで、映像作品のパッケージでの流通が可能になった。とくにさまざまな市民運動の現場で、当事者として運動と一体となって映像作品を制作しているメディアアクティビストにとって、上映会だけでは作品を見せることのできる人たちの範囲に限りがあり、そのため作品をパッケージにして通信販売、あるいは「模索舎」等のミニコミ書店や市民集会の場で販売できることは、大きな意味をもつ。

　市民運動を専門にしたビデオ制作プロダクションとして 89 年に誕生したビデオプレスの松原明等が中心となり、91 年にアメリカのメディアアクティビストを招いて開催した「民衆のメディア国際交流 91」をきっかけに、翌 92 年に日本のメディアアクティビストを中心とした「民衆のメディア連絡会」が結成された。ここが共同ビデオリストを制作して配布する等、市民運動関連の自主制作ビデオの流通ネットワークとして機能するようになる。

　また一方でほぼ同時期、朝日新聞社系列の CATV 向けニュース専門チャンネル「朝日ニュースター」で、映像記者によるビデオリポート番組「フリーゾーン 2000」が 90 年にスタートした。映像記者になったのは、活字やフォトジャーナリズムの世界から移ってきたプロのビデオジャーナリスト、特定の専門分野を映像で記録した研究者、そしてさまざまな市民運動に関わっている人たちを含む一般の市民である。放送メディアにおける市民による当事者ジャーナリズムの可能性を、「フリーゾーン 2000」ははじめて提示した。

　だがこの「フリーゾーン 2000」は、多チャンネルの都市型 CATV が誕生して全国各地に普及するまでの過渡期に、制作コストを抑えるために生まれた番組で、93 年に一般向けの衛星放送がスタートし、CATV と併せた契約世帯数が

増加するなか、より多くの視聴者を獲得できる番組へと放送枠がシフトし、96年に放送を終了する。

　これはかつて難視聴対策のための共同受信施設としての CATV が各地で誕生した 60 年代に、岐阜県郡上郡八幡町（現在は町村合併により郡上市）の郡上八幡テレビをはじめとするいくつかの局で、市民が制作する番組の自主放送が行われたが、その後、中継局による直接受信が可能になるなか、加入者を奪われて消滅していったケースと、ある意味でかぶる部分がある。だが CATV での市民による自主放送番組の制作は途絶えることなく、70 年代以降あらたに登場した、主に農村型 CATV の一部の局でも、各地で市民による番組制作が行われた。

③　ネットがもたらすあらたな展開

　これまで主に 2000 年までの活字系、および映像系市民メディアの歴史について概観してきたが、2000 年以降、この 10 年間のネットの急速な普及とさまざまな CGM の登場により、いわゆる旧来型の市民メディア環境は大きく変化する。

　かつてのミニコミによる情報発信は、今日、主に流通面の簡易性という理由でネット上でのさまざまな市民個人、あるいは市民グループによるブログを中心としたサイトへとシフトしている。タウン誌もフリーペーパー化とともに少なからず地域情報サイトへその役割を譲っているが、紙媒体のもつモバイル面での優位性から、ネットへの全面的な移行は、今後、電子ブックリーダーが普及してからだろう。

　同人誌の場合、少し状況が異なり、同人誌即売会というイベントを通して情報の送り手と受け手のコミュニティが成立しているため、電子書籍化の潮流のなかでも、それと並行する形で最後までパッケージによる対面販売の形が残る可能性を秘めている。すなわちマスメディアと異なり市民メディアは、市民運動等も含む特定のコミュニティに依拠したメディアであり、あるいはメディア

自体が独自にメディアを媒介したコミュニティを育む。そして同人誌が今日、商業出版とは別に巨大な流通市場を形成して大きな影響力をもっているのは、即売会という情報の送り手と受け手がリアルで出会える場の存在が大きい。こうした場の存在は、コミュニティの構成員同士の絆やコミュニティへの帰属意識をより強固なものにする。

　映像系市民メディアにおいても、ネットでの映像配信が可能になった今もなお各地でさまざまな市民映像祭や上映会が開催されているのは、単に大画面で映像上映ができるからではなく、そこでの参加者同士の交流が重要だからである。

　とはいえ、映像系市民メディアにとって、ネット上で誰でも利用可能な動画共有サービスが普及し、活用できるようになったことの意味は大きい。ユーストリームのようなサービスを利用すれば、テレビと同様にライブ映像を配信することができるだけでなく、Twitter と連動したチャットにより、リアルな上映会と同様に映像の視聴者同士で意見のやりとりができるからである。

　このように今日のネットの技術は、市民メディアにマスメディアとほぼ同様の機能を提供し、また流通面でも送り手が対象とするコミュニティ内の受け手に必要な情報を伝達するための敷居を低くした。けれども問題は今日の市民メディアを活用した市民による情報発信の多くが、かつてその母体となった市民運動が長期的に低迷するなかにあって、同人誌に代表されるように自己表現、あるいは地域情報の発信にとどまっており、あらたな潮流として期待されるジャーナリズムへの市民参加、あるいは地方自治への市民参加といった領域で、必ずしも十分な役割を担えていない点だろう。

　今後、次世代の市民メディアの担い手の裾野拡大に向けて、教育の場でのメディアリテラシー教育の普及や、さまざまな地域、あるいはテーマ（機能）型のコミュニティで活動を続ける NGO/NPO と既存のマスメディアの協力による、あらたなメディアアクセス環境やコミュニケーション基盤の整備を通して、市民が担い手となり市民メディア活動を促進していくことが期待される。

（松本　恭幸）

【注】

(1) 本章執筆に際し、模索舎の設立からほんコミュニケート社の設立に至るまでの事情について、五味氏に2010年9月20日に聞きとり調査を行った。

【参 考 文 献】

早川善治郎編，2004,『現代社会理論とメディアの諸相』中央大学出版部.

林茂樹編，2006,『地域メディアの新展開』中央大学出版部.

林茂樹・浅岡隆裕編，2009,『ネットワーク化・地域情報化とローカルメディア』ハーベスト社.

松浦さと子・川島隆編，2010,『コミュニティメディアの未来』晃洋書房.

丸山尚，1985,『ミニコミ戦後史』三一書房.

丸山尚，1985,『「ミニコミ」の同時代史』平凡社.

湯川鶴章，2006,『ブログがジャーナリズムを変える』NTT出版.

メディアとしての
電子コミュニケーション

　は じ め に

　電子コミュニケーションは、社会における人のコミュニケーションのあり方に大きな変革をもたらしたにもかかわらず、その特性や実態について、十分に議論されているとはいえない。とくに、現代における電子コミュニケーションの中心であるインターネットコミュニケーションのあり方を考える上で重要な、テクノロジーの歴史と、それを創り出してきた人々の考え方についてフォーカスを与えることは決して多くはない。

　本章では、そうした状況を補うという意味で、インターネットを中心とした電子コミュニケーションがどのように発展してきたか、その歴史とサービスのあり方の変遷をふまえつつ、論じていきたい。

　パーソナルコンピューティングというメディア

1-1：1960 年代とコンピュータ技術

　電子コミュニケーションというあらたなコミュニケーション概念を具現化するために不可欠な技術が、コンピュータ技術と、情報通信技術である。コンピュータの起源は通常、電子計算機の誕生とともに語られることが多く、ENIACがその最初のものとして語られることが多い。ENIAC は 1946 年にアメリカ、ペンシルバニア大学で公開された、真空管をベースとする幅 24 m、高さ 2.5 m、総重量 30 トンの今からは考えられない大型の演算装置で、毎秒 5000 回の加算と 14 回の乗算が行えたとされている。プログラミングは配線を手動で入れ替えることによって実施され、われわれが今イメージするコンピュータの姿とはほ

ど遠いものであったが、当時としては画期的な性能をもつ電子計算機であった。こうした大型の電子計算機は当初、弾道計算を目的に開発をされていたが、その卓越した演算能力は、後に多くの用途、とくにビジネスの世界で活かされるようになる。

　1960年代に入ると、こうした大型の電子計算機は現在われわれがイメージするコンピュータのアーキテクチャと非常に近いものに発展し、とくに1964年にIBMが発表したSystem/360は、いわゆる大型コンピュータの代表的な製品となり、ビジネスの世界において世界のスタンダードを作り上げた。

　メインフレームとも呼ばれる大型コンピュータは、当時、急速に成長を遂げ、複雑化する一方の業務を抱える大企業にとって、必要不可欠な存在となり、世界的な経済成長のなかで、IBMの提供するSystem/360はいわゆるデファクトスタンダードの地位を確立した。日本を含む多くのコンピュータメーカーは、オリジナルのアーキテクチャをもつシステムでは、市場に受け入れられることができず、System/360との互換性をもつ製品の開発を余儀なくされた。

　結果として、1960年代から始まるメインフレーム時代は、IBMによる市場の独占、支配という構図のなかで展開され、また同時に、コンピュータといえば大型コンピュータのことを指し、個人が利用するものではなく、あくまでも大企業等においてごく一部の人だけがその恩恵を享受するものという位置づけをもつにすぎなかった。逆にいえば、コンピュータはそれ自身が力の象徴であり、その力は富の裏づけがなければ利用することができなかった。そしてコンピュータの市場そのものも、ビッグブルーと呼ばれた大企業IBMによって支配されており、個人がコンピュータの価値をみずからのエンパワメントに活かす、というような発想は存在しえなかったというのが1960年代のコンピュータを取り巻く環境であったといえるだろう。

1-2：パーソナルコンピューティング概念の誕生

　演算能力に驚異的な力を発揮するコンピュータの力を、個人が自分自身のために活用する、というような現代的感覚への転機は、ちょっとしたチップの開

発からスタートする。1971 年、米国インテル社は、日本のビジコン社からの要請により開発したマイクロプロセッサ i4004 を発表する。当初は電卓開発のコストダウンのためのカスタムチップとして企画された i4004 は、ソフトウェアを読み込むことで容易にカスタマイズ可能であるという考え方によって、結果として汎用コンピュータとしての利用の可能性を拓き、世界初のマイクロプロセッサという世紀の大発明へと発展することになる。

　演算能力や記憶容量は圧倒的に小さいながらも、原理的にはメインフレームと同じ考え方で動くこの小さなチップは、世界中の、とくに技術に純粋に知的関心をもつホビィストや、同様のマインドをもち日々研究開発を行っている技術者にあらたな夢を与えることとなった。個人が自分のためだけのコンピュータをもつことできる、という可能性、つまりパーソナルコンピューティングという夢である。

　それまで個人がコンピュータを使うには、高い接続料を支払い、タイムシェアリングの形でメインフレームの時間を買いソフトウェアを走らせるという方法しか存在していなかった。しかしそうした使い方には制限が多く、また、個人が作成した不十分なソフトウェアを走らせることでメインフレーム全体の動きそのものをスポイルする可能性を考えると、管理者側も不特定多数に安易にタイムシェアリングを認めることも難しいという状況が存在していた。こうした環境下において、自分がすべてのリスクを背負うことで、どのようなソフトウェアも自由に実験することが可能な「パーソナル」なコンピュータを所有するという考え方は、コンピュータというもののあり方を、組織や社会に奉仕するものから、自分自身に奉仕するものへと、変えていく大きなパラダイムシフトをもたらすものであったのである。

　米国や日本といったマイクロプロセッサを比較的容易に入手できる地域では、多くのホビィストが自宅で、そしてバックヤードで自分自身のコンピュータを作り始めることになる。そこに存在したのは、純粋な知的好奇心と、自分自身の夢を実現するためのツールに対する渇望である。[1]

　そうしたなかで、米国においては、二人のスティーブと呼ばれるスティーブ・

ウォズニアックとスティーブ・ジョブズの二人が、Apple コンピュータを設立。ホビィストのネットワーク向けに作り始めたパーソナルコンピュータを、AppleII と呼ばれる世界初の商用パーソナルコンピュータへと昇華させた。日本においては、当初マイクロプロセッサの評価キットとして作られた NEC のワンボードマイコン TK-80 が秋葉原を中心にホビィストの爆発的人気を得て、最終的には BASIC の走る日本初のパーソナルコンピュータ PC-8001 へと発展した。AppleII の誕生が 1977 年、PC-8001 の誕生が 1979 年。IBM の System/360 の誕生から 15 年で、コンピュータはついにパーソナルな存在へと変貌を遂げたのである。

1-3：花開くパーソナルコンピュータ、そしてあらたな対立軸

　パーソナルコンピュータは、瞬く間に人々のあいだに普及をしていく。最初はプログラムを自分で組むことができるパワーユーザーの玩具としての位置づけだったが、アプリケーションソフトのフリーあるいは商用での配布が本格化することで、コンピュータそのものを理解していない人々がさまざまな情報処理用途にパーソナルコンピュータを活用し始めた。同時に、パーソナルコンピュータの概念を作ったとされるパロアルト研究所のアラン・ケイが試作した DynaBook にインスパイアされた Apple Macintosh の登場は、GUI という新しいインターフェースをパーソナルコンピュータにもたらし、誰もがコンピュータを自分の力として活用できる時代を切り拓くこととなった。[(2)] とくに Macintosh 登場時に使われた同製品のキャッチコピーである、"The Computer for the Rest of Us" は、IBM が市場を支配し続け、権力のあるものしかコンピューティングの恩恵を受けられないという構造を、パーソナルコンピュータの誕生によって革命的に変えたのだ、という自負と、人々の強い思いを象徴しているといえるだろう。

　こうした動きに、IBM も 1981 年に IBM-PC を発表することで対抗する。その後市場を席巻することとなるインテルのマイクロプロセッサと、マイクロソフトの OS を搭載し、オープンアーキテクチャによって市場を他社にも開いた

この新しい "PC" は、ビジネス分野を中心に大いに成功を収めることになる。そして、System/360 と同様の IBM-PC 互換機市場が花開くとともに、IBM-PC のアーキテクチャをもったパーソナルコンピュータは 80 年代日本をのぞく世界中に瞬く間に拡がり、パーソナルコンピュータの普及の大きな原動力となった。同時に、そのことはインテル、およびマイクロソフトの市場寡占化を招くことになり、あらたなるビッグブルーを生むことにもつながった。メインフレーム市場を席巻する巨人に対抗するパーソナルコンピュータという図式から、IBM、インテル、マイクロソフトによるパーソナルコンピュータ市場の支配に対して、Apple を中心としたメーカーやソフトウェア開発会社が対抗する、というあらたな対立軸へと移行していったのである。あらたな対立軸においてもマイノリティの立場にあった Apple は、その後も "Think different" という広告表現に代表されるように、既存の価値観への挑戦と、社会変革という理想を追い続けることになる。[3]

 ネットワークの普及とコミュニティ意識の形成

2-1：黎明期のインターネットコミュニケーション意識

日本におけるパーソナルコンピュータ創世期の立役者の一人、西和彦は、日本初のパーソナルコンピュータ情報誌「アスキー」発刊にあたり、次のような言葉を残している。[4]

> マイクロコンピュータは家電製品にも積極的に使われて、産業としての地位を確立しつつありますが、今まで大型が担ってきた計算とか処理などの機能を備えたコンピュータが個人の手のとどく商品となったら、それをどのように分類したらいいのでしょうか。
>
> 電卓の延長ではないと考えます。家庭や日常生活の中に入ったコンピュータ、テレビやビデオ、ラジオのような、いわゆるメディアと呼ばれる、コミュニケーションの一手段になるのではないでしょうか。（西 1997）

すでに 1970 年代にあって、パーソナルコンピュータはネットワークによって
接続され、ある種のメディアとして機能するのではないか、というイメージは
少なくともパーソナルコンピューティングの旗手と呼ばれる人々のなかでは作
り上げられていたといえる。コンピューティングが個人化することと、個人化
したコンピュータが相互に接続され新しい価値を生み出すということは、非常
に早い段階から想起されていた理想であったといえるだろう。

　しかし、コンピュータを相互接続するネットワークという考え方が普及する
のはパーソナルコンピュータの普及からは一拍遅れることとなる。

　現在の電子ネットワークの中心であるインターネットは、その起源をさかの
ぼれば 1969 年にアメリカ国防総省で作られた ARPA ネットにまで行き着くこ
とができる。冗長性を高め攻撃に対して強いネットワークとして計画された
ARPA ネットは、ネットワークに中心を置かず、個別ネットワークの相互接続性
を重視して作り上げられ、結果として多様な主体が協力連携することによって
完成する、ある意味ボランタリーなネットワークとして発展することとなった。

　ARPA ネットはその後、広く研究者のあいだで活用されるネットワークとし
て成長し、日本においても 1980 年代半ばから石田晴久や村井純の尽力により、
研究者が活用できるネットワークとして発展してきた。

　しかし 1993 年のインターネット商用利用の開始まで、インターネットは世界
的なネットワークに発展していたものの、その利用はあくまで研究者や技術者、
学生といった閉じた世界にとどまっていた。しかし一方で、そうした知的好奇
心の強い人々が、相互協力して作り上げていったネットワークは、その運営や
利用のあり方において、ある種の理念優先型の文化を創り上げていった。

　たとえば、村井純が日本のインターネット入門者向けに翻訳した「インター
ネットユーザーズガイド」でこのような記述がみられる。

　　　一人のユーザーが情報を提供し、情報資源の守備範囲が広がると、インターネ
　　ットの価値がそれによって 1 段階上がる。こうしたステップが重要なのである
　　（村井 1994）。

これらの表現から理解できることは、インターネットは自分たち自身が切り拓き、作り上げてきたフロンティアであるという意識と、その場を守り成長させるためにユーザー一人ひとりが責任をもつ必要がある、という強いボランタリー意識である。パーソナルコンピュータが、コンピューティングのパワーを個人に解放したのに対して、インターネットはそうしたコンピューティングによってエンパワメントされた人々があらたな活躍の場をみずから創り出そうとするひとつの運動的な要素をもちつつ発展してきたといえるかもしれない。

2-2：パソコン通信、BBS システムの発達とコミュニティ概念の成立

　しかし、前述したように、あくまでインターネットは対象を限定したネットワークサービスにすぎなかった。市井の一市民に対して電子ネットワークの世界への門戸を開いたのは、パソコン通信、BBS と呼ばれるしくみであった。アメリカにおいては、CompuServe が 1979 年、電話線を利用した個人向けの電子ネットワークとしてサービスを開始。日本においては、その後全米を代表するパソコン通信ネットワークとして成長した CompuServe を手本に、Nifty-Serve が 1987 年にサービスをスタート。フォーラムと呼ばれる電子会議室群を中心とした多対多のテキストコミュニケーションサービスを柱に大きく成長し、多数の会員を獲得することとなった。一方、1980 年代初頭から、地域においては個人あるいはそれに類する法人が草の根 BBS と呼ばれる小規模なパソコン通信サービスを半ばボランタリーに開始し、黎明期の電子ネットワークサービスの一翼を担った。

　早くからパーソナルコンピュータが普及していた日本では、こうしたパソコン通信サービスが非常にさかんであり、その代表例としてあげられることの多い Nifty-Serve では、最盛期に 300 万人近いユーザーを擁する一大ネットワークを形成し、日本における電子コミュニケーションのあり方を規定するような存在となっていた。とくにフォーラムにおける多対多の電子会議室コミュニケーションは、ユーザー間に独自の強い結びつきを創り出し、ネットワーク上にある種のコミュニティ概念を生み出すこととなった。たとえば、川上らはその

著書のなかで「電子コミュニティの出現」について語り、また、金子は「電子の海のなかに浮かぶ伸縮自在のコミュニティ」と、パソコン通信上の新しいコミュニティ概念について語っている。そして、國領はこうしたフォーラムコミュニケーションが企業経営にもたらす影響を顧客間インタラクションという言葉で表し、その後2006年頃に流行する概念であるCGMの考え方の先鞭をつけている。

2-3：ネットユーザーの規範、パブリックコミュニケーション
としてのネットワーク

　1990年代初頭までに時代を区切って考えると、インターネットコミュニケーションにもパソコン通信のコミュニケーションにも共通してみられる傾向がある。それは、電子コミュニケーション空間がパブリックな場であり、同時に個人が責任と自発性をもって参画する場である、という意識である。

　とくに、電子ネットワークに参加する人々に強い責任と自発性を求めている、という姿勢は、当時流行していたネチケットという概念に強く表れている。

　ネチケットはネットにおけるコミュニケーションにおいて守るべき規範について述べたさまざまな考え方の集合体で、決してひとつの内容に収斂したものではないが、多くのネチケットにおいて共通するのは、平等性と他者へ対する配慮、そしてネットワークそのものの負荷の低下という考え方である。

　たとえばRFCに明文化されたネチケットの例を見てみると、たとえば「誰かに メールを送ることで、ネットワークバンド幅やディスク容量、CPU処理量のようなその他のコストを相手に負担させているかもしれません」であったり、「受け取り人は、文化、言語、ユーモアの基準があなた自身とは異なっている人間で あることを忘れないでください」（すべて高橋邦夫の訳による）というように、電子ネットワーク上の秩序を保つために高い規範意識をもつことをユーザーに要求していることが理解できる。

　このネチケットという言葉はパソコン通信上でも多く活用され、NIFTY-Severのフォーラムコミュニケーションでは、初心者ユーザーに対する注意点

として、同様のメッセージを送るケースが多くみられていた。

　そうした考え方が支配的になっていた背景には二つの要因が考えられるように思われる。一つは、インターネットにせよ、パソコン通信にせよ、互助性の非常に高い形で場が構築され、維持運営されているという点である。当時のインターネットはそのネットワークの成り立ちから、個別のネットワークが自己の責任でインターネットに接続され、同時にネットワーク全体の負荷を分担するという考え方で運営されていた。また、パソコン通信においては、草の根 BBS においては、人々がボランタリーに、商用サービスであればユーザー一人ひとりがそれぞれに課金を負担しながらサービスを享受するという構造があった。また、インターネットにおけるニュースグループサービスや、パソコン通信におけるフォーラムコミュニケーションでは、ユーザー相互に情報提供しあい、それぞれの問題の解決を図っていく、という構造をとっている。[5] これらの互助性の高さが、ユーザーに高い規範意識を求める要因の一つであったと考えるのはそう難しい話ではないだろう。

　もう一つの点は、ユーザーのあらたなサービスを切り拓いているという矜持の部分である。インターネットも、パソコン通信も、ユーザーの爆発的増加はあったものの、1990 年代初頭では必ずしも一般に広く普及したサービスというレベルには達していない。新しい情報機器を活用し、あらたなコミュニケーションのあり方に参画しているという要素がどちらかといえば強い時代であり、それがある種の矜持をユーザーにもたらしたのではなかろうか。[6]

　こうして、1990 年代初頭には、個人がコンピュータを利用して、世界中の人々とリアルタイムにつながり、ネットワーク上にある種のコミュニティ意識をもつ集団を作り、同時にみずからの問題を解決するために多くのネットワーク上の仲間とともに助けあうという構造が創り出された。そこにはおそらく、ネットワークというあらたな社会を切り拓いていくというフロンティアスピリットが存在したのであろう。しかし、この状況は 1993 年のインターネット商用利用の開始、そしてインターネット本格普及とともにパソコン通信サービスが衰退していくとともに、大きな転機を迎えることとなる。

③ ネットワーク大衆化とボランタリズム

3-1：大衆化により失われるフロンティアスピリット

　1993 年のインターネット商用利用の開始、1995 年の Windows95 発売に伴うインターネット接続の容易化[(7)]、また、こうした動きに伴ったインターネットプロバイダの増加、さまざまな要因がインターネットの爆発的普及の後押しをすることとなった。また、日本においては、1999 年の iMode サービス開始以降、インターネット接続の主たる媒体がパーソナルコンピュータから携帯電話へと大きく舵を切ったことも特筆すべきことだろう。世界的にみても、この動きは日本がもっとも早く、同時に、そうした要素がインターネット接続ユーザーの低年齢化をいち早く推し進めた可能性があることを理解する必要がある。

　そして、こうしたインターネットの普及とともに、無手順でテキスト中心のサービスを続けていたパソコン通信サービスが、大きくユーザーの支持を失い、1990 年代後半にはほぼその役割を終えてしまった、ということも非常に重要な点である。とくに、日本におけるパソコン通信サービスは、インターネットに接続できない環境にあって、情報技術に高い関心をもつパワーユーザー層の電子コミュニケーションに対する渇望を一手に引き受けてきたサービスであり、逆にいえば、そうした電子コミュニケーションに対する高い意識をもったユーザーが、パソコン通信サービスの衰退とともにその活躍の場を失ってしまった、つまりは彼らの考え方や言説がネット上での露出の場を大きく制限されてしまった、とも考えられるのである。

　ユーザー層の急激な増加、低年齢層ユーザーの増加、そしてパワーユーザー層の露出低下、こうした要因が絡まりあい、結果として、90 年代前半に培われていた電子コミュニケーション上の高い規範意識は、1990 年代後半には大きく失われる結果となる。同時に、商用プロバイダのユーザーとして、また携帯電話会社のサービスの一環としてインターネットを利用するユーザーは、インターネットに対して、ボランタリーな立場としてではなく、消費者としての意識で接していくようになったとも考えられる。

この時点で、いわゆるインターネットという新しい社会を創り出すフロンティアスピリットのようなものはネット上から失われてしまったと考えてよいだろう。そして、消費の対象であり、自己実現ではなく楽しみの対象となったインターネットの場は、参画における責任意識や規範意識を求めることをやめることになる。その象徴的存在として、管理者不在、匿名性、自由な内容を書き殴ることができる、2ちゃんねるのような匿名制巨大掲示板が1999年にはサービスを開始することになる。

3-2：ボランタリズム発現の場としてのインターネット

ユーザーの爆発的増加と、ユーザー層の入れ替わりが創り出したインターネット文化の変化は、2ちゃんねるのような匿名制巨大掲示板の誕生で一つの極を得る。それまでの規範意識、そして規範を遵守するもの同士のコミュニケーションのなかで生まれる信頼といった要素がいったんリセットされ、ネットワークは怖い、電子コミュニケーションにはリスクが伴う、という考え方が一般化していく。事実、出会い系サイトに代表される電子ネットワークのリスクが声高にマスメディアを賑わせたのが2000年代前半の時期である。

そうした流れのなかで、新しい電子ネットワーク上でのコミュニケーションサービス、blogやSNSが2003年頃から急速にユーザーを獲得し始める。いわゆるWeb2.0と呼ばれるサービス群は、90年代に培われた日本の電子コミュニケーションのサービスレベルからすると、必ずしも目新しいものではなく、テキスト以外の表現力は増しているものの、コミュニケーションの場としてのデザインは不十分な面も散見されたが、2ちゃんねるのような「荒れた」電子コミュニケーションに適応できない人々にとっては一種の福音として機能したといえるだろう。また、こうしたWeb2.0と呼ばれたサービスが、その根底に、70年代以降のパーソナルコンピューティングに対する情熱と共通する部分をもっているという点も、非常に興味深い点である。[8] つまりは、電子コミュニケーションの場を消費と書き殴りの場、という位置づけではなく、再び人々とつながり、信頼関係を醸成し、みずからの自己実現に役立てようというボラン

タリズム発現の場として機能させようという、全体的な方向性が生まれてきたのである。

　とくにblogのような長文で論理性をもった発言を可能にし、多くの人々に有用な情報提供をしていくというサービスは、αブロガーなる言葉を生み、ネットワーク上での発言のクオリティが、ネットワーク上での人の価値を向上させるという旧来のインターネットに存在したしくみを再度浮かび上がらせることになった。

　また、SNSがもたらした人間関係の可視化は、電子コミュニケーション上に人と人との明確なつながりが存在することを再認識させることになり、ネットワーク上に継続してつながりをもち交流し続けている多数のコミュニティが存在しうることを明確に示した。

　同様のサービスや機能は、日本におけるパソコン通信サービスにその萌芽を見出すことができる。見方によっては、パソコン通信サービスにおいて活躍していたパワーユーザーたちが、blogやSNSという活躍の場を再度与えられ、落ち着き先を見つけた、というようにも考えられなくはないだろう。

3-3：世論形成と電子ネットワーク

　一方で爆発的に成長を続ける電子コミュニケーションは、リアルな社会にとって無視できるだけの小さな存在ではなくなってしまった。とくに、電子コミュニケーションでのさまざまなアクティビティが、現実社会における人々の営みとリンクし、影響し、関係をもち始めると、その存在の重みが、実は非常に大きなボリュームになっていることに向きあわなければならなくなってくるのである。

　とくにユーザー数の増加は、大きなプレッシャーとなりうる。あるジャーナリストの言葉を借りれば「便所の落書き」というレベルだった2ちゃんねるのコミュニケーションが、1000万のユーザーを数える規模になることによって、一種の社会運動を形成し、時の与党の総裁選に影響を与えるようになると[9]、ネットワークを一つの「世論」を形成するツールとして意識せざるをえない状

況になる。

　本来、パブリックなコミュニケーションは、人間のコミュニケーションの基本であった。一人ひとりが自由に発言し、それに対して人々が自由に耳を傾け、さまざまな議論があらゆる場面で同時に進行していきながら、最終的に一人ひとりが、自分たちの信頼に足る話を頼りにみずからの考えを構成し、あるいはまわりにいる人々から考えを形成されていく。そうした当たり前の人のコミュニケーションのあり方が、電子コミュニケーションという場でより多様になり加速されていく、ということは当然の成り行きであったといえよう。

　だが、こうした新しいパブリックコミュニケーションの台頭に、マスメディアは恐怖することになる。不当なまでのマスメディアの電子コミュニケーションバッシングは、一方でネットユーザーのマスコミ批判につながり、メディアのなかでのあらたな対立軸を生み出すことにもなった。

　しかしこうした動きも、パーソナルコンピューティングがどのようにして生まれてきたか、あるいはネットコミュニケーションがどのように成長してきたか、と考えれば自然なことである。そこには「電子」という力が一人ひとりの力を拡大し、オルタナティブな選択肢を社会のなかに保証するという理念が、常に横たわっているのである。

　電子コミュニケーションの力

4-1：個人の能力拡大とインターネット

　2009 年頃から電子コミュニケーション上で人々にさまざまな関係性をもたらすサービスのことを総称してソーシャルメディアという言葉を使うことが一般的になってきた。

　こうしたソーシャルメディアのもつ最大の価値は、個人が利用できる情報の多様性の保証と、同時に個人が発信する情報に対するアクセシビリティの保証、そしてそれらの情報のやりとりのなかで人と人とのつながりという社会的な関係性が重要な意味をもつ、という点である。

2010年前後、もっとも注目を浴びるソーシャルメディアの一つである Twitter は、まさにこうしたソーシャルメディアの価値をわかりやすく具現化したサービスの一つである。Twitter の TL（タイムライン）には、世界中の情報がリアルタイムで常に流れ続け、その多様性はマスメディアのもたらす多様性とは天と地ほどの差が存在する。同時に、人々はそうした TL を眺めながら自分が見たこと、感じたこと、考えたこと、あらゆる「自分」が発信できる情報をリアルタイムに「つぶやく」ことが可能であり、そのつぶやきは誰もが参照することが可能な状況にある。

　そして何よりもユニークなのはそうした TL を誰のつぶやきによって構成するか、あるいはみずからのつぶやきを誰が読むのか、といったことはすべてフォローするフォローされるという、社会性をもった人と人とのつながりが規定しているのである。

　情報は多様性をもち、情報量は多い方が好ましい。そしてそうした情報の海のなかに自分の発信する情報が常に存在することも、大変有意義なことと考えられるだろう。社会というなかで知性を構成する一員としてすべての人々の知恵を平等に取り扱うことができるという意味では、まさに "Rest of Us" を創り出さない、パーソナルコンピューティングによる革命が理想としてきた境地といってもいいだろう。

　しかし、大量の多様性に富んだ情報を処理することは人にとって容易なことではない。情報を処理する段階での巧拙が、まさに人の不平等を生みかねない事態のなかで、そうした情報処理における問題解決を人と人との関係性のなかに見出していこう、という考え方は、つながることからスタートするネットワークという世界に非常に親和性の高いソリューションであるといえる。個人の能力の限界を克服するために、人と人とのつながり、それも強制されたものではなく、自分が信頼し、自分が好意をもつ人とのつながりのなかで、自然な形でみずからにカスタマイズされた形で情報を処理できるスキームを実現するのは、ある意味パブリックコミュニケーションの理想の姿といえるのではないだろうか。

4-2：集合知が切り拓く未来

　ソーシャルメディアの優れた点は、そうした人と人とのコミュニケーションの過程が第三者に対して公開されている点にある。開かれたコミュニケーションは、傍観する第三者が、交換されている意見に対して自分の考えを示すチャンスを与えてくれる。納得できるのかできないのか、共感できるのかできないのか、それはどうしてなのか、第三者的立場からのこうした意見は、コミュニケーションを次のステップに発展させる。次のステップに発展したコミュニケーションを別の第三者が見ることで、さらに次のステップへと移行していく。開かれたコミュニケーションがもたらす、こうしたコミュニケーションの重層化は、結果として集団のもつ知性、集合知、あるいは松岡のいう編集知へと昇華していく可能性を秘めている。金子はこれをコミュニティ・ソリューションと呼び、社会のもつ重要な力とした。社会的課題が山積し、一人ひとりの人間が多様な課題に対してコミットメントすることを求められる時代だからこそ、こうしたソーシャルメディアのもつ力と価値を、有効に活用していく視点が必要ではなかろうか。

4-3：ま　と　め

　これまで、ソーシャルメディアがパブリックコミュニケーションにもたらす可能性について論じてきた、しかしながら、この視点は多分に性善説に立脚した考え方である。ここまでの考え方は、電子コミュニケーションは誰もが等しく能力を拡大できる、という理想論的な情熱のなかで発展してきた場であり、この視点がいまだに維持されているという前提で議論している。しかしながら、いゆわる昔ながらの「インターネット文化」「パーソナルコンピューティング文化」は徐々に失われつつあるのが現実である。

　たとえば日本における今日的なネット上の情報流通のあり方に「まとめサイト」というものがある。本来はボランタリーに、他者の役立つ情報を編集したりアーカイブするという、まさにインターネット文化を体現するような存在だった「まとめサイト」は、Naver まとめに代表される閲覧数連動型の報酬制度

をもつまとめ支援サービスや、アフィリエイトブログシステムの発達により、「他者のために情報をまとめる」という考え方から、「自分の利益のために情報をまとめる」というスタンスのサイトへと変化してきている。その結果、他者にとって有効性が低い、ただ単にアクセス数を稼ぐだけの「まとめ」がインターネット上を席巻し「知の集積地」としてのネットの価値を脅かす存在となりつつある。

現代社会においてインターネットは経済活動に欠かせないビジネスのツールであることに疑問の余地はない。しかしながら、ビジネスだけがインターネットの本質ではないことを思い出す必要がある。インターネットはまさにパブリックコミュニケーションを実現する、社会変革を志向した歴史的経緯のなかで生まれてきたことを私たちは再認識する必要があるだろう。

（粉川　一郎）

【注】

(1) アメリカにおけるコンピュータユーザーグループの活動は非常に活発であり、そうしたアマチュアの活動状況を日本の大手コンピュータ会社が視察に行くような状況があった。富田の『パソコン創世記』に当時の様子が描写されている。

(2) とくに注目すべきは、教育市場に Macintosh が多く導入されていた点である。初等教育、中等教育の現場にコンピュータが入っていくことで、コンピュータの社会における位置づけが大きく変化することになる。

(3) 伝記『スカリー』にもあるように、Apple の二代目社長となるジョン・スカリーは、スティーブ・ジョブズから "Do you want to sell sugar water for the rest of your life, or do you want to change the world?" という言葉でリクルートされた。そこに、Apple の強烈な社会変革への意識が垣間見られる。

(4) 署名記事ではなく正確には筆者不明だが、立場的に西が書いたと考えられる。

(5) 当時のパソコン通信の入門書には必ず Give & Take の精神で参加する場、ということが強調されていた。
また、インターネットにおいても同様で、ARPA ネットで電子メールのやりとりが可能になると同様の互助的な場が形成されたと『コネクションズ』には描かれている。

(6) 奥野は『情報人類学の射程』のなかでパソコン少年と社会運動の関係性について語っている。

(7) Windows95 からはじめて TCP/IP プロトコルが OS に標準で付属することになる。

(8) 梅田は Web2.0 を語る人々の意識に社会革新の要素があるとしている。

(9) 秋葉原において時の自民党総裁候補麻生太郎が「ヲタクのみなさん」と語りかけたことは、ネットがあらたな世論形成の場になりつつあることの象徴であったといえる。

【参 考 文 献】

Amelio, Gill & Simon, William L., On the firing line：my 500 days at Apple（＝1998, 中山宥訳『アップル—薄氷の 500 日』ソフトバンククリエイティブ.）

サリー・ハンブリッジ著 高橋邦夫訳, 1996,「RFC1855 ネチケットガイドライン」

金子郁容, 2002,『新版コミュニティ・ソリューション』岩波書店.

川上善郎他, 1993,『電子ネットワークの社会心理』誠信書房.

ケイ, アラン・C. 著 鶴岡雄二訳, 浜野保樹監修, 1992,『アラン・ケイ』アスキー出版.

松岡正剛監修, 1998,『情報文化の学校』NTT 出版.

村井純監訳, 1994,『インターネットユーザーズガイド』インターナショナル・トムソン・パブリッシング・ジャパン.

NHK エンタープライズ, 2005,『インターネットの夜明け』BBMC.

NIFTY ネットワークコミュニティ研究会, 1997,『電縁交響主義』NTT 出版.

奥野卓司, 2009,『情報人類学の射程』岩波書店.

Sculley, John & Byrne, John A., 1987, Odyssey：Pepsi to Apple…：a journey of adventure, ideas, and the future.（＝1988, 会津泉訳,『スカリー（上下）』早川書房.）

Sproull, Lee & Kiesler, Sara B., 1992, Connections：new ways of working in the network organization.（＝1993, 加藤丈夫訳『コネクションズ』アスキー出版.）

富田倫生, 2003,『パソコン創世記』青空文庫版.

梅田望夫, 2006,『ウェブ進化論』ちくま新書.

Young, Jeffrey S., 1988, *Steve Jobs*：*The Journey Is The Reward*, Glentop Press（＝1989, 日暮雅通訳,『スティーブ・ジョブズ（上下）』JICC 出版局）

企業広報、
行政広報の実際

　は じ め に

　企業の広報活動の定義は一般に「企業と企業を取り巻くさまざまなステーク
ホルダーとのあいだに相互に利益をもたらす関係性を構築し維持する」ことで
あり、端的にいえば、ステークホルダーと継続的な信頼関係を築くことである。

　信頼を築くには双方向のコミュニケーションが不可欠であり、コミュニケー
ションには情報を媒介するメディア（媒体）が必要となってくる。メディアには
さまざまな形態があるが、従来の企業の広報活動では新聞、雑誌、TV、ラジオ
の四つのマスメディアが重要な位置を占めてきた。

　しかし、日本人のメディア接触の構造はインターネットの登場とともに大き
く変化し始めている。メディアの構造変化について述べる前にまず日本のメデ
ィアの特性について簡単にふれておく。

　メディアの構造変化とその影響

1-1：日本のマスメディアの特性

　日本は総じて教育レベルの高い、格差の少ない平等社会であったこともあり、
巨大部数のクオリティの高い新聞が発行されている、世界でもきわめて珍しい
国といえる。そもそも、日本人は新聞や雑誌といった活字をよく読む民族で、
新聞の総発行部数は 4500 万部以上、1 世帯あたりの新聞の部数は 0.83 部、つ
まりほとんどの世帯で新聞を購読していることになる。1000 人あたりの新聞の
部数は 448 部で世界でもトップクラスである（日本新聞協会, 2014）。ちなみに、
世界的に有名な米ニューヨークタイムスの部数は 73 万部、ワシントンポストは

47万部（ともに活字版）であるのに較べ、日本でもっとも部数の多い読売新聞は

912万部、次の朝日新聞でも679万部という巨大部数で、もちろん、読売新聞が世界最大部数の新聞ということになる（米 ABC，日本 ABC 調べ）。こうした巨大部数は新聞を毎日家庭に配達する世界的には珍しい宅配制度と、全国一律の定価販売によって成立している。

　また TV に関しても日本人の1日平均視聴時間は3時間弱で、日本人は TV を長時間視聴し、いわば TV 漬けの生活を送っているといえる。日本の TV の特徴としては世界の多くの国では視聴可能なチャンネルは数十はあるのに較べ、日本では、都市部でも地上波 TV のチャンネルは7チャンネルしかなく、とくに地上波 TV の影響力がきわめて大きい。さらに、日本には海外にはない記者クラブというシステムがあり、マスメディアの記者だけが加入できる、閉鎖的と批判されるシステムである。海外諸国と較べて日本のマスメディアの特性は、新聞の巨大部数と高い信頼度、TV（地上波）の圧倒的な影響力、そして記者クラブ制度ということになる。

1-2：メディア接触の変化

　TV と新聞を中心とした既存のマスメディアが圧倒的な影響力をもっていた日本も今、情報接触メディアが活字からインターネットに大きくシフトしつつある。TV も3時間弱の視聴時間のうち多くが「ながら視聴」、つまり TV をつけてはいてもインターネットや携帯電話などほかのことをやりながら見ているという状況になっている。将来、日本では新聞と TV の影響力はピーク時の50%程度までに縮小するといわれている。

　まず、若年層に顕著な活字離れである。いまや朝日新聞の読者の半分以上が50歳以上、日本の代表的な月刊誌の『文芸春秋』の中心読者層は60〜70歳代という状態で新聞、雑誌はすでに高齢者のメディアとなっているのが現実である。

　TV も若年層の部屋には PC はあっても TV 自体がなくなりつつある。TV の視聴スタイルも先に述べた「ながら視聴」にとどまらず、TV 番組を録画して

後で見たい時に見るという「録画視聴」スタイルに変化している。しかも、HDD（デジタル）レコーダーで録画する際に CM をカットする人が過半数を越えている。CM を収入源とする民放 TV 局の経営に大きな影響を与える時代になっている。そして、20 代の男性では情報接触時間で TV とネットがついに逆転した。結論としていえることは日本人の情報接触メディアが既存のマスメディアからインターネットにシフトしているということである。1995 年には情報源の 70％が活字であったが、2010 年には 50％に、そして 2020 年には 35％に減少すると予測されている。活字からネットへのシフトは広告の世界でも現れている。広告費全体に占める割合はトップは相変わらず TV だが、2009 年には 2 位だった新聞広告がネット広告と逆転している。

1-3：マスメディアの衰退

　いまや、新聞、TV を中心とする既存マスメディアの衰退は明らかである。情報の大量生産、大量消費というマスメディアのビジネスモデルが崩壊しつつあるのは間違いない。従来型マスメディアの長期低落傾向は今後も続くだろう。

　図 5-1 は各メディアごとに特性を比較した一覧表だが、メディアとしてもっとも優位性が高いのはインターネットである。しかし、マスメディアの衰退要因はメディアとしての優位性の問題だけではない。従来、行政、企業は記者ク

	情報量	速報性	保存性	信頼性	対象の絞り込み	アクセス（容易さ）	検索機能	時間、場所を選ばない	発信主体
新聞	○	△	◎	◎	△	◎	△	△	大資本（マス）
雑誌	○	×	◎	○	◎	○	△	△	大資本（マス）
TV（ラジオ）	△	◎	△（×）	○	△	◎	△	○	大資本（マス）
インターネット	◎	◎	○	△	◎	○	◎	◎	個人も可能（パーソナル）

図 5-1 メディアの特性比較

ラブに対してのみ情報を公開してきた。一次情報はマスメディアだけが独占してきたといえるのだ。しかし、いまや情報はインターネットで誰にでもオープンに公開されるようになった。たとえば記者クラブで発表された資料は即座に行政や企業の Web サイトでアップされ誰もが入手できるようになった。

　かつて、マスメディアの情報は新聞の記事は新聞、TV のニュースは TV ニュース、雑誌の記事は雑誌でしか得られなかった。いまや、これら各メディア間の境界は消滅し、新聞記事はインターネットのニュースサイト、TV や雑誌も同時にさまざまなインターネットのポータルサイトで簡単にリアルタイムで得られるようになった。情報流通（ニュース）のチャンネルが幅広く開放されたということである。つまり、かつて重要情報を独占してきたマスメディアの優位性は消滅したということである。

　さらに、ミドルメディアの登場と影響力が強まったこともある。ミドルメディアとはマスメディアとブログや Twitter に代表されるパーソナルメディアとのあいだの中間的なメディア。数多くのインターネットのミドルメディアが誕生し、成長している。ミドルメディアの定義は特定の分野、専門領域について数千から数十万の人々に情報を提供するメディアということになる。パーソナルメディアのブログ、Twitter、フェイスブックといったソーシャルメディアの影響も大きい。一人ひとりの個人が簡単に自由に情報を発信できる「誰でもがメディアになれる時代」になったのだ。かつて、情報を独占し、発信できるのはマスメディアだけだった。今は誰もが情報を入手し、自分できわめて簡単に情報発信できるようになった。

1-4：将来のメディア

　長期的には、メディアはネット上の膨大な情報、コンテンツを再編集するプラットフォームメディア（ポータルサイト，キュレーションメディア）、専門分野、領域を対象としたミドルメディア、そしてブログ、フェイスブック、Twitter などのソーシャルメディアの三つに分化していくというのがメディアの将来図であろう。しかし、メディアの影響力が既存のマスメディアからインターネット

へすべて移行するのかといえば、そうではない。今のネット上の情報、とくに一次情報のほとんどは、もとは新聞の情報である。さらにネット検索の70％から80％がTVの話題といわれており、ネット上の情報のほとんどは新聞とTV発の情報だという現実がある。

「新聞はなくなっても記者はなくならない。記者はいつの時代でも必要な存在だ」とよく言われるように、新聞記者が書いた記事は新聞だけでなく、ニュースサイトをはじめとしてさまざまなルートでネット上に流れ、広く伝わっていくということなのだ。TVの情報、話題もTVだけでなく動画サイトやブログ、Twitterを介してネット上に拡がり、さらに強い影響を与えていく。

現在、日本では情報接触のパターンが年代層別に大きく三つに分かれている。60歳以上の年代は相変わらず従来の四つのマスメディアから情報を得ている。10代から20代はインターネット、このなかでもスマートフォンに代表される情報端末から情報を得ている人が多い。30代から50代はパソコンとスマホ経由でネットから情報を得ている。60歳以上の高齢者を除けば情報源はインターネットということになるが、最初の情報は新聞とTVのコンテンツという意味では、もとは同じということになる。

日本には約2万人の記者がいるといわれる。ブログやTwitterをやる人は、多分、この100倍、200倍はいる。ほぼすべての日本人が持つ携帯にはカメラ機能がついている。ということは素人カメラマンは記者の1000倍はいるということになる。こうした素人の記者、カメラマンが莫大な数存在し、インターネットに情報を発信できる世界になったということである。もちろん、企業も自社のWebサイト（HP）でいくらでも情報が発信できるということだ。つまり、すべての企業、すべての個人がメディアになることができる「誰でもがメディアになれる」時代になったということである。

 企業広報の目的と役割

メディアの構造変化の次は企業広報の目的とその役割について述べよう。

企業にとってステークホルダーは企業の存続を左右する存在である。こうし
たステークホルダーと継続的な信頼関係を築くことが広報の目的であることは
すでに述べた。信頼は別の表現をすれば企業のよい評判ということになる。

　広告も広報も情報を伝えるという機能は同じだが特性は大きく異なる。最大
の違いは信頼度の差であろう。企業と直接の利害関係のない、第三者の、しか
も信頼できる存在としてのメディアの報道には高い信頼性が付与される。報道
された情報は、新聞や雑誌の読者、TV の視聴者の目にはメディアが情報の発
信元として映る。このことが情報に対する高い信頼性が得られる理由につなが
っている。

2-1：パブリシティと広告の差異

　企業がメディアにさまざまな情報を自主的に提供し、ニュースとして報道し
てもらうことをパブリシティという。この手法（パブリシティ）は広報活動にと
って不可欠のベーシックなものである。広告とパブリシティの差異は図 5-2 に
示したが、もっとも大きな違いはまずメディア接触（注目）率と信頼度にある。

	パブリシティ	広告
担当部門	編集局，報道局	広告局
掲載面	記事（報道）	広告（CM）
選択・決定権	メディア	特別なケース（倫理規定等）を除き出稿者
情報発信主体	第三者的存在としてのメディア	出稿者
情報の特性	客観的	主観的
情報内容の基準	事実	イメージ（主張）
接触率	○	△
信頼度	○	△
リピート性	△	○
自己主張度	△	○
コスト	低	高
計画性	△	○
チェック（内容の修正）	×	○

図 5-2 パブリシティと広告の機能的差異
（日本パブリックコミュニケーションズ，2010：137 より作成）

さらに、パブリシティが情報特性として客観的な事実をベースにするのに対して、広告は情緒的、感性的、主観的なイメージ性が強い傾向がある点、そして重要なことはパブリシティは報道決定権（情報選択権）がメディア側にあることである。

2-2：ステークホルダーと広報活動

　企業にとってステークホルダーとは企業を取り巻く、企業の存続を左右するさまざまな（利害）関係者のことである。企業はさまざまなステークホルダーに対し自社がどういう会社で、どのような企業理念をもち、どのような活動をしているのかを伝え、ステークホルダーからも自社に対する印象や見方、要望を聞く双方向のコミュニケーションを通じて相互理解を深めることで、相互に利益をもたらす信頼関係を築いていく。

　企業はステークホルダー別に各担当部門を置き、さまざまなコミュニケーション活動を展開している。たとえば、株主に対しては年1回の株主総会の実施、アニュアルレポートや株主通信の発行、工場・施設の見学会や株主懇談会等のイベント、自社のWebサイトでのIR (Investor Relations) 情報の開示などを行っている。こうしたステークホルダーのひとつにメディアがある。メディアに対するコミュニケーションがメディアリレーションズであるが、この中軸となる手法がパブリシティである。パブリシティの直接の対象はメディアの記者、編集者だが、本当のターゲットは記者や編集者の先にいる。企業は情報を記者に提供し、報道してもらうが、報道された記事を読むのは新聞や雑誌の読者やTVの視聴者である。メディアを経由して、さまざまなステークホルダーへという情報の流れになっている。それがパブリシティが他のステークホルダーとの直接的なコミュニケーションと異なる点である。メディア経由の情報は自己宣伝と違い、企業とは利害関係のない信頼性の高い第三者のメディアの情報という付加価値がつけ加わることで高い信頼性が出てくる。

2-3：広報活動の効果

　企業が広報活動をやった結果、どのような効果があるかはブレークダウンすると次の六つの効果にまとめられる。

　まず第一は知名度、認知度の向上である。

　第二は信用度の獲得である。企業に対する信用を得るには、最初は知名度、認知度の獲得が最低条件になる。広告は短期間に知名度、認知度を上げるのにもっとも適した手法である。しかし、知名度、認知度がいくら高くなっても信用はできない。認知の次に必要なのは企業のことを幅広く、かつ深く理解してもらうことである。理解が深まれば、必然的にその企業に対する好感度が高まり、最終的にこの企業は信用できる、信頼できるという強い絆ができていく。理解を深め、好感度をアップさせ、信用を作り上げるのにもっとも適している方法が広報であるのは間違いない。

　第三は組織内の社員の意識を活性化させ、インセンティブを向上させる効果である。「ヒト、モノ、カネ」は経営資源として真っ先にあげられる３要素だが、ヒトがいてこそ組織は成立するといえる。この社員の会社に対する意識、インセンティブに広報活動は大きな影響を与える。一般に企業のなかではトップから一般社員へと会社の方針や戦略が上から下へと伝えられていく。しかし、多くの場合、下の層の社員はこうした上意下達パターンの情報を100％信用することはなく、常に割り引いて聞く傾向が強い。しかし、同じ情報でも利害関係のない外部の第三者から聞いた時、情報の信用度は一挙に高くなる。メディアの報道はこの外部の第三者の典型例である。しかもメディアの高い権威性は一層、情報の信頼度を高める。つまり、社内の情報を外部のメディアに出して報道してもらうパブリシティによる情報（報道）は社員にとってきわめて信頼度の高い情報として受け止められ、結果として組織の活性化が促進されるという流れである。こうした効果をミラー効果、あるいはブーメラン効果という。

　第四はIRの効果と同じ財務上の信用度アップの効果である。金融機関、株主、機関投資家、個人投資家などに対する信用度向上によってもたらされる財務面の効果である。

第五は企業の商品や、サービスの販売向上に寄与するマーケティング効果である。競合する企業の商品、サービスに比べて自社の方が優れているという報道（パブリシティ）は当然、具体的な商品・サービスの販売アップにつながるものである。

　最後の第六の効果は人材採用、定着に関するリクルート効果である。具体的な商品・サービスがみえない生産財メーカーなどの BtoB（Business to Business）企業にとってこのリクルート効果は企業の広報活動においてきわめて重要なポジションを占めている。

2-4：広報部門の役割と機能

　企業の広報部門の位置づけにはいくつかパターンがあるが、多くは経営中枢と直結し、広く社会全体に対する企業としての説明責任を担う情報公開（ディスクロージャー）の専任部門である。多くの場合、企業トップ（社長）が会社を代表する立場として外部に対しての説明責任を果たすが、広報部門はメディアをはじめ社会に対してトップに代わって会社を代表するきわめて重要な役割を担っている。一広報部員のメディアに対してのコメントも会社を代表するものとなる。このことはいかに広報が重要な役割を担っているかを示すものである。さらに、広報部門は各ステークホルダーとのあいだの双方向のコミュニケーションを担当する部門であり、最終的にはステークホルダーの企業への信頼向上と維持に寄与する。企業のコーポレートブランド価値の向上において広報部門は中枢的役割を担うといえよう。

③　広報活動の領域（分野）

　企業広報の目的と役割について具体的な広報活動についてふれよう。

　企業が広報を展開する領域（分野）についてはステークホルダー別に領域（分野）を分ける考え方や、IR や、クライシスコミュニケーション、社会貢献など広報テーマ別に分ける考え方などさまざまな考え方がある。

3-1：企業（コーポレート）広報

　広報活動では、まず、企業そのものを幅広いステークホルダーに知ってもらい、次に理解してもらい、そして自社に好感をもってもらい、最後に会社を信頼し、信用してもらうプロセスが不可欠である。こうしたプロセスではポジティブな広報活動として二つのジャンルの広報活動を同時に並行して継続的に展開しなければならない。まずひとつが企業（コーポレート）広報である。企業広報は会社自体のことを上記のプロセスを踏んでさまざまなステークホルダーにアピールする。不可欠なことは会社のビジョン、企業理念、これらをシンボライズし、会社を代表するトップのリーダーシップや魅力をメディアを介して広報することである。理念なき企業はステークホルダーから信頼されないし、当然、尊敬されない。ビジョンとトップのリーダーシップのアピールが企業広報の核の部分といえる。ビジョンはトップから一般社員まで幅広い社員のなかに根づいているべきものである。実際の表現形態は企業理念、企業風土、カルチャーを反映した社員をメディアに登場させる人物 PR や企業理念に基づく企業の行動をパブリシティするパターンとなる。企業広報のもうひとつの重要なテーマは企業戦略のアピールである。企業戦略が優れているからこそ競争に打ち勝つことができる。企業が成長する源泉のひとつは優れた企業戦略の有無であるのは当然だ。このことをアピールすることは企業の成長力、将来性を強く示すこととイコールである。戦略が優れていれば、将来この企業は成長し、ステークホルダーの信頼を維持し続けることになるからだ。

　企業広報はビジョンとリーダーシップのあるトップの広報、企業風土を反映した社員 PR、そして優れた企業戦略のアピールが柱となってくる。

3-2：マーケティング広報

　企業は商品を生産、販売し、あるいはサービスを提供することで成立している。もうひとつのポジティブ広報のジャンルは商品やサービスを広報するマーケティング広報の分野である。マーケティング広報は商品、サービスのクオリティ、優秀性、信頼性を訴求し、同業他社の商品、サービスとの差を明らかに

し、強い個性をアピールする広報である。こうしたマーケティング広報活動の蓄積が商品、サービスに対するファンを形成することになる。商品、サービスに対するファンは企業そのもののファンへと発展していくことになる。

こうした企業広報、マーケティング広報の二つのポジティブな活動を継続的に展開することで企業に対するステークホルダーの信頼が構築され、コーポレートブランド価値が高まっていく。

3-3：クライシスコミュニケーション（危機管理広報）

企業に対する信頼、よい評判は企業広報とマーケティング広報の二つのポジティブな広報活動を日々継続することで少しずつ構築されていく。長い年月の不断の努力が少しずつ信頼というものをステークホルダーに蓄積していく。このことを貯金にたとえて「信頼の貯金」（トラストバンク）と表現する。しかし、「信頼の貯金」が貯まっても、大きな不祥事が発生し、メディアの批判が続けばこの貯金は一挙に減ってしまう。信頼というものは作るのには長い時間と莫大な努力を必要とするが、失うのはほんの数日である。

しかし、企業に大事故やネガティブな問題が発生した場合でも、その対処が適切、スムーズでステークホルダーに企業の姿勢が誠実だというイメージを与えることができれば、そのダメージは最小限度で食い止められる。問題を起こさないことがもっともいいことだが、いったん発生してしまった場合には、そのダメージを最小限にとどめることがもっとも重要なことである。問題が発生した時、企業が批判されるのは、もちろん、起こしたこと自体もそうだが、むしろ発生後の企業の行動である。この時、起こした問題に対して企業がどう考え（企業のスタンス）、具体的な対策をいかにスピーディにとっているかをステークホルダーに迅速に情報公開することが、信用の失墜を防ぐ最大の武器になる。築き上げた信頼の貯金を守る広報がクライシスコミュニケーション（危機管理広報）である。

3-4：CSR（corporate social responsibility：企業の社会的責任）

　企業の社会的責任のことを CSR というが、現代ほど企業の CSR への取り組みがステークホルダーの企業への信頼感に影響を与える時代はかつてなかった。

　CSR はコンプライアンスと社会貢献の二つを包含した概念である。コンプライアンスは一般に法令遵守と訳されるが単に法律を守るという狭い考え方ではない。企業は正直で、公正、公平で人権を尊重した倫理的な行動をとるべきとの意味も含めて広義にとらえる必要がある。社会貢献も地域や環境も含めた幅広い社会全体に対する貢献としてとらえねばならない。コンプライアンスは法律や社会規範を企業内部の人間が守ることにつながり、リスク発生を未然に防止する重要な役割を果たすとともに、万一発生した場合も、社会の視点に沿った倫理的な行動の基盤となる。一方、社会貢献はいまや企業の製品・サービスが均一化し、その差がほとんどなくなるなかで、強い競争優位をもたらす要因となってきている。当然、コンプライアンスがしっかりしている企業、社会貢献に熱心な企業というイメージはステークホルダーの信頼構築に強い影響を与える。

3-5：ステークホルダー別広報

　ステークホルダーの重要性が高まるなか企業を取り巻くステークホルダーは幅広くなっている。しかも各ステークホルダーとのコミュニケーションはそれぞれテーマや特性が異なる。各ステークホルダー別に広報テーマ、とくに重視すべきターゲット、コミュニケーションの方法、タイミングや必要な資源など広報活動の基本項目を整理して、ステークホルダー別に各広報計画を立案していくことになる。以下に個別のステークホルダー別の広報について簡単に述べる。

　メディアに対する広報活動をメディアリレーションズというが、従来はマスメディアに対する活動が広報活動の中心であったが、インターネットがメディアの主流となるであろう今後はソーシャルメディアに対する広報が不可欠となってくる。

・BtoB 企業にとってとくに重要なのがリクルーティング広報である。新卒市場はもちろん、幅広い人材市場に対して、従来の会社案内などの印刷メディア中心から自社サイトでの情報提供へのシフトをはじめメディアでの社員の人物 PR などが中心になる。

・地域社会に対する広報が地域広報（コミュニティリレーションズ）である。企業も地域社会の一員として地域の発展に関わっていくという企業市民としてのアピールは重要である。

・株主や機関・個人投資家、アナリスト、ファンドマネジャーを対象とする広報が IR である。かつては経理、財務部門が担当する企業が多かったが、近年は IR 部など専門部署が担当する流れが強まっている。IR 用の各種ツールの制作やアナリスト説明会、ロードショーといったイベントなど幅広い活動が展開されている。

このほか、社員を対象とした社内広報（インターナルリレーションズ）や行政対象のガバメントリレーションズ、マーケティング広報分野でも SP 関連広報など、ステークホルダー別にさまざまな広報活動が実施されている。

3-6：企業広報の今後

広報活動には情報を発信する広報とステークホルダーの考えを聞く広報（広聴）の両面がある。広報にはステークホルダーとのあいだの双方向のコミュニケーションが必要だということはすでに何度も述べてきた。しかし、従来の新聞、TV、雑誌といったマスメディアではこの双方向性はきわめて不十分なものでしかなかった。どちらかというと一方通行の 1WAY（ワンウェイ）のコミュニケーションだったといえる。インターネットの最大の特性は双方向性にある。双方向の対話こそが信頼、信用を構築することに大きく貢献する。たとえば、対話することでお互いのことをより深く理解することができる。一対一で直接、相手に接することほど相互理解を深めるコミュニケーションはない。理解が深まれば相互に好感度が増し、最終的に広報の目的の信用、信頼が構築できるというわけである。そういう意味ではインターネットの時代は広報にとってもっ

とも環境が整った時代ということにもなる。

　今後、企業がメディアや社会からどうみられているかを検証する広聴機能が一層重要になってくる。何をステークホルダーに伝えるかに加えて、どう伝わっているかの検証も重要である。今は変化の激しい時代である。社会や環境の変化を事前にウォッチし、変化を予測し、準備をしておくイシューマネジメントもますます重要になってくる。

4　行政広報の目的、役割、活動

　行政はそもそもパブリック（国民、地域住民）のために存在し、社会全体に奉仕するという社会的な組織であり、企業のような営利を目的とする活動には関わらない非営利活動を行う。いずれの行政組織も公共性と地域との深い関係が共通項といえる。かつての行政ではお上から下々へ上意下達で情報を通達することが広報活動の目的であった。しかし、現代の住民参加を基本とする行政広報では、国民、地域住民の声を広く聴く広聴からスタートし、住民に必要な情報を、十分な説明とともに提供し、行政と住民との信頼関係を築くことで行政への理解と支持を獲得し、住民の参加と協働を促進することがその目的となっている。

4-1：目的＝住民から信頼を得る

　企業でも行政でもすべての組織はステークホルダーからの信頼がなければ組織運営は成り立たない。行政が住民から信頼を得るには何よりも説明責任が不可欠である。国も自治体もすべて税金で財政をまかなっている。公務員は公衆に奉仕する公僕であり、行政は社会全体に奉仕する社会的組織である。そもそも税金の用途と使い方について納得のいく説明をすることが行政には求められている。行政における説明責任とはまずこのことを指しており、企業以上に説明責任は重いといわざるをえない。行政の広報活動は説明責任を果たすこととほとんどイコールであるともいえよう。

行政が負っている重要な責務は国民、地域住民の安全を保障し、健康を守ることである。万一、行政がミスをして、国民、住民に損失を与えるようなことは一般企業以上にあってはならないことなのである。この面で行政にとってリスクマネジメント（危機管理）とクライシスコミュニケーション（危機管理広報）のポジションはきわめて大きい。

　行政の組織としての特徴のひとつが強い縦割り制である。部門ごとに業務上の相手＝ターゲットが明確になっていることもあって、横への拡がりがなく偏りが大きい。つまり、行政では他の部門が何をしているか意外と知らず、他部門と協働して広報することも少ない。こうした点から行政内の情報交流に弱点があり、組織内広報の重要性が多くの人から指摘されている。

　そもそも日本の広報は GHQ の指導による行政広報からスタートしている。戦前の上意下達から、行政は新しい制度などの情報を国民に知らせるとともに、国民の声を広く聴くということが民主主義の基本となるとの考えから行政参加を促進したのである。公聴重視の視点から日本の行政の多くには公聴課が設置されている。公聴課では集会を開いて住民の意見を聞くタウンミーティング、モニター制度、パブリックコメント、知事・市長への手紙、世論調査、出前講座などさまざまな公聴イベントを実施している。

　一方、広報課では記者クラブでの記者会見やプレス発表、メディアへの取材対応、各種の刊行物の発行、広報番組や新聞広告、インターネット広報など幅広いツールと広報手法を駆使して広報活動を展開している。しかし、全体としてはパターン化されたお知らせ型広報として定型化されており、住民参加型広報までには至っていないというのが現状である。刊行物も企業広報と同様、住民の活字離れが進んでいることから、Web サイトの充実やソーシャルメディアの活用が期待されている。

　行政における広報活動では、広報、広聴機能の一体化と縦割り組織の弊害の打破、お知らせ型広報から住民参加・協働型広報への転換、そして、刊行物においても紙メディア重視からインターネットメディアへのシフトなどが今後の課題となってくる。

4-2：シティセールスと地域ブランド

　行政広報といっても地域内の住民だけをターゲットにして済むわけではない。地域を代表し、シンボライズする商品や観光資源をほかのエリアの人々に幅広く積極的に広報することで、地域自体をブランド化することは地域振興に不可欠なものとなっている。こうした取り組みをシティセールスとかシティプロモーションと呼んでいる。日本全国、世界各地で地域ブランドをアピールする広報活動が積極的に展開されている。たとえば各自治体が積極的に取り組んでいる「ご当地ゆるキャラ」キャンペーンがある。彦根城築城 400 年祭のイメージキャラクター「ひこにゃん」が火付け役となり、2013 年新語・流行語大賞で熊本県の「くまもん」が入賞してブーム化している。

（篠崎　良一）

【参 考 文 献】

電通パブリックリレーションズ編著，2006，『戦略広報』電通.

電通総研，2010，『情報メディア白書 2010』ダイヤモンド社.

猪狩誠也編著，2007，『広報・パブリックリレーションズ入門』宣伝会議.

河内孝，2010，『次に来るメディアは何か』筑摩書房.

日本パブリックリレーションズ協会編，2010，『広報・PR 概論』同友館.

篠崎良一，2001，『実戦企業広報マニュアル』インデックス・コミュニケーションズ.

須田伸，2010，『次世代広告進化論』ソフトバンククリエイティブ.

鈴木伸元，2010，『新聞消滅大国アメリカ』幻冬舎.

横山隆治，2010，『トリプルメディアマーケティング』インプレスジャパン.

地域メディアは
地域を変えるか？

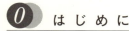

0　は じ め に

　今、地域社会は、急速に進む少子高齢化や滞日外国人の増加に伴う多文化共生の地域社会作りなど、複数の社会課題に直面している。また、長引く経済不況を背景とする税収不足から自治体財政が逼迫し、地域社会に必要な社会サービスを自治体単独で提供することが困難となっている。希薄になった人々の絆を回復し、公助と私助のあいだに「共助」の領域を拡げるとともに、公共セクター、非営利セクター、企業セクターが力を合わせて、地域経済の低迷や少子高齢化などの地域課題を解決する「協働」のしくみ作りが求められている。

　本章では、「共助」の領野を豊かにし、地域コミュニティを再生するために、地域メディアが果たす役割について、具体的な事例を通して述べてみたい。

1　地域社会の現状と地域メディア

　地域メディアには、地方紙、自治体広報、CATV、コミュニティ放送、地域ポータルサイト等のコミュニケーションメディアと、公民館、図書館等のスペースメディアの双方が含まれるが（浅岡 2007：19）、本章では、主として ICT（情報コミュニケーション技術）を活用したコミュニケーションメディアを取り上げる。

　ICT を活用した地域メディアの歴史をふり返る時、インターネットが普及し始める 1990 年代中盤前後に登場するのが、シニアネットと子育てネットである。シニアネットは、コンピュータ通信を活用し、高齢者の孤独の解消と社会参加を目的に始まったネットワークで、通産省（現・経済産業省）の「メロウソサイエティ構想」[1] を契機として全国に広まり、現在も複数のシニアネットが

活動を続けている⁽²⁾。一方、子育てネットは、子育て中の女性たちが、コンピュータ通信を介して子育て情報を共有し、育児の悩みを解消するために、自生的に生み出したネットワークである⁽³⁾。電子掲示板やメーリングリスト等を活用し、ネット上で子育て情報を交換できる点が評判を呼び、全国に広がった。運営主体は、NPO、自治体、企業、自治体とNPOの協働運営⁽⁴⁾など、さまざまな形態がある。

　以下の各節では、多言語メディア、地域ポータルサイト、地域SNS、デジタルアーカイブの実践を取り上げ、その概要と地域社会への影響を考察する。

 ## 2　地域社会の「多文化」化と多言語メディア

　日本国内の地域社会の「多国籍・多文化」化は急速な勢いで進んでいる。2009年末の外国人登録者数は約219万人で、全人口の1.7％を占める。移民の多い欧州と比べ、外国人登録者の比率は少ないようにみえるが、群馬県大泉町など、地域によっては外国人登録者比率が10％を超える自治体もある。

　こうした外国人住民の増加を背景に、自治体や国際交流協会等の団体が、さまざまな形態の多言語メディア⁽⁵⁾を発行するようになっている。自治体や国際交流協会が発行する紙媒体の多言語資料は、行政サービスの内容を翻訳したものが大半であるが、国際交流イベントや花火大会などの観光・娯楽情報が掲載される場合もある。これ以外に、民族団体などが企画・編集するエスニック・メディアと呼ばれる雑誌や新聞が発行されている⁽⁶⁾。

　多言語メディアに関しては全国規模の統計データはないが、神奈川県内の多言語メディアについては、（財）かながわ国際交流財団（以下「KIF」と表記）が2004年に実施した調査データがある。「多言語生活情報の提供・流通」調査は、県および県内市町村の国際交流施設や図書館などの社会教育施設等を対象に、多言語資料の所蔵・活用状況を把握する目的で実施された⁽⁷⁾。同調査によれば、自治体や国際交流協会等が発行する多言語資料は、2004年3月現在、約400点ある。内容は、教育、福祉、保健・医療、防災、女性・育児、労働、交通・観

光など、あらゆる生活分野に及ぶ。発行形態は、月刊や季刊等の定期刊行物と、生活ハンドブックのように随時発行される不定期刊行物に分類される。

　2004年度の調査を補完する目的で、2005年度にKIFが実施した「多言語生活情報の提供・流通調査II」[8] によれば、自治体は多数の多言語情報紙（誌）を発行しているものの、多言語情報を必要とする外国人住民の手に、必要な情報が届いていないことが改めて浮き彫りになった。多言語生活情報を掲載した資料は大量に作成・配布されているが、配布先や経路の検討が不十分なため、外国人住民が多言語情報を目にする機会が少ないのである。調査を通じて、教会やエスニック・レストラン、食材店など、外国人住民が定期的に訪れる場に多言語メディアを配布すると効果的であること、および、携帯電話を所有する外国人住民が増加傾向にあることが判明した。そこで、KIFでは、2006/2007年度に、携帯電話を所有する外国人住民に対して多言語で生活情報をメール配信するモデル実験を行い、その検証結果をふまえて、翌年度から配信事業を本格稼働させた。

　KIFが2008年に事業化した「INFO KANAGAWA」は、英語、スペイン語、ポルトガル語、およびやさしい日本語の4言語で、月3回の頻度でメール配信している。掲載内容は、行政情報（住居、教育、福祉）、防災情報（災害への備え、緊急時連絡先、食中毒）、保健情報（予防接種、感染症情報、医療通訳）、外国人相談窓口、イベント情報（国際交流イベント、観光ガイド、伝統行事紹介）など。配信登録者数は、2010年9月末現在で1004名。携帯電話で受信した内容を知人に転送する事例もあることから、配信内容を閲覧している外国人住民は、登録アドレスを上回る可能性が高いと推測される。この事業を担当するKIF職員によれば、「自治体の外国人住民相談窓口職員が行政情報の提供や相談に活用したり、民族団体の集会で配信内容をもとに情報交換が行われている」という。

　次に、「INFO KANAGAWA」が地域社会に及ぼす影響について考えたい。多言語生活情報を地域の外国人に届ける目的で始まった「INFO KANAGAWA」は、日常生活に必要な行政情報を伝えるのと同時に、花火大会やお花見等の日本の生活文化を発信することで、外国人住民が日本の社会文化

事情を理解するためのメディアとしても機能している。また、冬は乾燥して火事が多いことや関東大震災の起きた9月に防災訓練が実施されることなど、日本特有の気候や行事・習慣を伝えることを通じて、外国人住民のなかに地域に暮らす生活者としての意識を醸成する役割も担っている。

最後に、地域の多言語情報伝達における「人」の役割についてふれておきたい。KIFが企画した多言語情報関連の調査を通じて、外国人住民が通う地域の日本語教室において、日本語指導者が、多言語資料をもとに外国人学習者に口頭で説明を加えることで、情報の伝達度が飛躍的に高まることがみえてきた。その理由について、長年滞日外国人支援活動を続ける棚原恵子は、「ぬくもりのある人間関係の中からしか、情報は伝わらない」と解説する。たしかに、「INFO KANAGAWA」という多言語情報の配信システムは、アナログ時代にはない新しい情報伝達の回路を切り拓いたが、同時に、私たちは、技術による情報伝達の限界にも目配りをする必要がある。情報を確実に伝えるためには、メディアとしての「人」が果たす役割に、もっと着目すべきなのだ。

③ 地域ポータルサイトの現状と可能性：二つの事例から

地域ポータルサイトとは、住民が必要とする地域情報を網羅的に収集提供するとともに、住民同士の交流を促進するための電子掲示板などの機能を備えた「地域情報へアクセスする入口」サイトを指す。運営主体は、個人、NPO、公益法人、企業、自治体とNPO等の協働運営など、多様な形態がみられる。ポータルサイトの系譜には、地元商店や観光情報などを一元的に収集し、地域内資源の共有と地域外への魅力発信を目的にスタートした地域ビジネスという流れと、政府・自治体の電子自治体構想の一環として開設される「自治体ポータル」からの発展という二つの流れがある（藤田, 2009）。2009年7月現在、自治体が把握しているポータルサイトは、全国に327件あるが[9]、これ以外にも存在が知られていない民間運営サイトが複数あると推測される。本章では、個人と企業運営の2事例を取り上げる。

3-1：「光が丘ウォーカー」（東京都練馬区）〜個人運営サイト〜

　1996年、地域ポータルサイトの先駆けとなる実践が、東京練馬区の光が丘団地の一角から始まった。「光が丘ウォーカー」である。この地域ポータルサイトを始めたきっかけについて、設置者の木原は、「見知らぬ土地に引っ越してきて、地域のことを知りたい、教えてほしいという気持ちで始めた」[10]という。光が丘団地は、練馬区北部に位置し、米空軍の家族宿舎跡地を利用して再開発された高層団地で、約2万9千人が暮らしている。

　サイト開設当初は、電子掲示板での情報交換が中心であったが、その後、参加者ニーズに対応するため、ブログ・SNS（Social Networking Service）など、新しい情報技術を次々に取り入れ、多機能なサイトに進化を遂げている（サイト構成は、図6-1）。

　本サイトの運営体制は、木原充雄・実穂の二人。サイト運営に必要な経費は、すべて木原夫妻が負担し、自治体や企業からの補助・協賛はいっさいない。参加者の年齢層は、20代から80代までと幅広いが、女性参加者の中心は子育て世代の20・30代。男性参加者は、30・40代が多い。現在、もっとも活気のあるのは、子育て系の掲示板で、次はスポーツ系掲示板（バスケ、テニス、野球）である。木原実穂によれば、「子育て掲示板での会話は、途切れることがなく、毎年同じ質問がくり返されることが多いが、時代の変遷とともに変わる部分もある。新陳代謝があるので、長続きしている」という。オフ会も頻繁に開かれており、オフ会のなかから、野球やテニス等のスポーツサークルやバーベキュー研究会などが生まれてきた。

　30代前半で「光が丘ウォーカー」を始めた木原夫妻も、現在は40代後半。十数年の歴史をふり返り、木原は「やりがいは、人との出会い。ポータルを通じて形成された人のネットワークが財産」（充雄）、「サークルの中で知り合った人が結婚したり、離婚したり。人の人生を変えてしまう怖さも感じてきた」（実穂）と述べる。

　現在、「光が丘ウォーカー」は、地域SNS「Hixi」も運営している。参加者は、約300人で、光が丘団地内と団地外で半数ずつ。ブログと地域SNSの特性

について、木原充雄は、「ブログは気軽に書ける反面、スパムとか個人情報の流出の問題がある。プライバシーを気にする人は、SNSに入ってくる。参加者が両者をうまく使い分けている」と話す。

「光が丘ウォーカー」は、市民が自発的に始めた地域ポータルサイトであり、自治体や企業のしがらみがない利点を活かし、自由な雰囲気をもつ。本ポータルは、地域内の人的交流を活発にし、人と人の顔の見える信頼関係を醸成する上で大きな役割を果たしているといえる。

3-2：港南台 e-town（横浜市港南区）〜企業運営サイト〜

横浜市港南台の地域情報サイト「港南台 e-town」を運営するのは、地元横浜の（株）イータウン。（株）イータウンは、コミュニティ・ビジネスとまちづくりを目的に設立された会社で、元 YMCA 職員の斉藤保が代表を務める。現在は、「港南台 e-town」のほか、市内 2ヵ所と川崎市の 4 地域のポータルサイトの運営を手がける（サイト構成は図 6-2）。

上記ポータルに共通するのが、市民レポーターが取材した NPO・ボランティア活動の記事を掲載するコーナー「ころ BOX」だ。商店街の地域貢献活動や子育てサークルの紹介記事など、地域密着型の情報が掲載されている。「ころ BOX」の取材には、港南区のまちづくりを推進する NPO「まちづくりフォーラム港南」が運営協力している。

さて、地域情報サイトの制作を手がける（株）イータウンの事業は、斉藤が港南台商店会の主催するフリーマーケット「港南台テント村」の運営に協力したことをきっかけに、実際に人々が集う情報拠点作りへと発展する。2005 年 10 月、（株）イータウン、港南台商店会、NPO「まちづくりフォーラム港南」三者の協力で、JR 港南台駅前に「港南台タウンカフェ」が開店する。タウンカフェのコンセプトは、「人が集い、情報が交わり、つながりづくりからうまれるまちづくりプロジェクトの発信基地」（タウンカフェ・パンフレット）。店内には、地域住民が製作したアクセサリー、袋物等の小物を展示販売する陳列棚、飲食と打ち合わせのできるテーブル、イベントのチラシラックがあり、宿題をする子

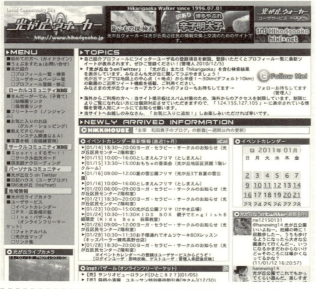

図6-1 光が丘
ウォーカー
（http://www.hikarigaoka.
gr.jp/）

図6-2 横浜・港南台
地域情報サイト
（http://www.e-town.ne.jp/
kounandai/）

どもからおしゃべりに興じる女子高生やお年寄りまで、多目的に利用されている。斉藤によれば、「多様な人が頻繁に訪れる賑わいのある場を創るきっかけとなったのは、地域住民の手作り作品を陳列するスペース『小箱ショップ』であった」[11]という。「小箱ショップ」は、出品者と買い手を結ぶだけでなく、地域住民をタウンカフェにつなげ、人々の交流を誘発する磁場を形成するメディア（媒介物）となっている。

　また、斉藤は、タウンカフェに集う大学生インターンや高校生ボランティアを市民レポーターとして地域に派遣し、取材内容を編集して、地域ポータルの港南台 e-town やタウンカフェ通信（紙媒体）に掲載するしくみを作っている。学生たちは、取材活動を通じて、地域の課題や資源を発見するとともに、家族や教師以外のおとなと出会うことでみずからの視野を広げ、思春期からおとなへと成長するための糧となる貴重な体験を積む。地域住民は、地域情報サイトやタウンカフェ通信を通じて、まちの魅力を再発見するという、好循環を生み出している。

　（株）イータウンの地域ポータルサイト作りは、ネットによる地域情報の提供から、実際に人々が顔を合わせ、リアルに人がつながる場作りへと発展し、現在は、タウンカフェ内での人々の交流に軸足を移しながら、地域のさまざまな動きをポータルサイトに反映させる回路を巧みに作り出している。

 地域コミュニティ創出を促すメディア：地域 SNS を中心に

　ICT を活用した地域活性化の手法として、1990 年代後半から 2000 年代中盤にかけて注目を集めた電子会議室。十数年の歴史をもつ藤沢市民電子会議室を除けば、全体的に勢いを失い、開設数も減少している。一方、電子会議室への期待が薄れる時期に、次世代の地域活性化のメディアとして台頭してきたのが、地域 SNS である。

　日本で最初の地域 SNS、熊本県八代市「ごろっとやっちろ」は、2004 年、市の公式サイトと連動した住民間の情報交流サイトとして誕生した。この動きに

注目した総務省は、2005 年に東京都千代田区と新潟県長岡市で地域 SNS の実証実験を行い、2006 年には、モデル地域を 13 地域に拡大した。こうしたモデル実験等が起爆剤となり、2006 年以降、地域 SNS が増加していく。2009 年 2 月現在、全国に約 400 の地域 SNS がある（庄司 2010：52）。

　全国の地域 SNS に共通する機能としては、日記、コミュニティ、メッセージ・メール、カレンダー・スケジューラー、足跡・アクセス履歴がある[12]。開設目的は、「行政への住民参画や地域住民による自治・まちづくり、サークルやボランティア活動等の市民活動支援、あらたな地域メディアづくり、商店街振興や観光振興」（庄司 2010：54）など、多様である。会員数は平均 540 人程度だが、中には、佐賀新聞社が設置・運営する「ひびの」のように、1 万人規模の SNS もある。対象地域は、商店街等の近距離圏、市区町村、都道府県と、さまざまなレベルがある。次に紹介するのは、約 20 万人が在住する宇治市の事例である。

　京都山城地域 SNS「お茶っ人」は、総務省の「e-コミュニティ形成支援事業」の指定を受け、2006 年にスタートした。「お茶っ人」は、宇治市がネット環境を提供し、市民団体が運営を行う形態をとっている。2009 年 2 月末現在、登録者数は 1700 人。年齢層は 20 代から 70 代までと幅広い。

　「お茶っ人」が地域にもたらした変化は複数ある。まず、FM うじのなかに、「お茶っ人」の話題を取り上げる番組が誕生した。また、京都文教大学との連携で、サテライトキャンパスで、コンサートや写真展が開催されるなど、ネットを介して、学生と地域の人がつながり始めている。さらに、オンライン上の情報交流の中から「お茶っ人新聞」が創刊されたり、オフ会のなかで出された期間限定の喫茶店開設企画というアイデアが実現するなど、次々と新企画が具体化している。さらに、オンラインとオフラインが相乗効果を発揮し、「わがまちにぎわい学校」がスタート。2008 年には、NPO 法人「まちづくりねっと・うじ」が創設されることになる。この NPO 法人のコアメンバーのほとんどは、「お茶っ人」で知りあう前には面識がなかったという。

　現在「まちづくりねっと・うじ」は、立命館大学「協働ラボ・うじ」に併設

された京都府 NPO パートナシップセンターを拠点に、パソコン教育の普及や人材育成事業などを行っている。このように順風満帆にみえる「お茶っ人」だが、実証実験期間内のアクセス実績が、宇治市が提示する水準に達しなかったことから、自治体からの財政支援は 2011 年 3 月で終了し、その後の運営は、NPO 法人「宇治大好きネット」に引き継がれた。

　地域 SNS は、発展途上のメディアであり、現時点で将来像を正確に予測することは難しい。ただし、2009 年を境に利用者が急増中の Twitter(13) の登場により、ネットメディアをめぐる勢力図が徐々に変化しつつあることには留意する必要がある。というのは、東京都国立市の「Kunitter」(14) や神奈川県海老名市の「Ebinow」(15) のように、すでに Twitter を活用した地域情報サイトが現れ始めているからだ。ブログ、SNS、Twitter の三つの機能を内蔵した地域ポータル「光が丘ウォーカー」のように、ほどよい閉鎖性をもつ SNS と開放性と手軽さを特徴とする Twitter それぞれの長所を組みあわせた地域ポータルサイトが、今後も登場してくるのではないか。

 ## 5　地域デジタルアーカイブの動向

　地域 SNS は、同時代に生きる住民間の関係を可視化するには優れたメディアである。しかし、過去の人々の生活様式や地域文化（有形、無形）を現代人が共有し、また、今に生きる人々の記憶を記録・保存して、未来に伝えるには、SNS 内蔵の GIS 機能（地理情報システム）の活用だけでは不十分であり、地域固有の歴史文化や景観情報等を、デジタルアーカイブ(16) として蓄積し活用することを念頭に置いた情報デザインが欠かせない。

　長野県では、長野大学准教授の前川らが中心となり、過去に養蚕業で栄えた上田市の情報をデジタルアーカイブ化する「蚕都上田プロジェクトアーカイブ」事業が展開されている。同様の試みは、群馬県桐生市にもある。製糸業が盛んだった桐生の織物のデザインをデジタル化しネット上にアーカイブする「桐生織塾」である。

一方、神奈川県横浜市では、開港 150 周年を契機に、「みんなでつくる横濱写真アルバム」プロジェクトが立ち上がり、地域住民が過去に撮影した写真を収集して、年代、場所、テーマ別に検索できる写真データベースを構築し、2009年 3 月に公開した。現在、約 6000 点の写真データが蓄積・公開されている。このデータベース構築のねらいについて、WEB では、「『みんなでつくる横濱写真アルバム』は、歴史や文化、経済や産業振興、地域の発展、市民の生活文化など、横浜を語る『写真』を通して、魅力ある郷土の共有財産づくりに貢献することを目指して」いると説明する。プロジェクト開始当初は、横浜商工会議所を主要メンバーとする「横濱写真アーカイブ実行委員会」が運営母体となっていたが、現在は、横濱写真アーカイブ協議会[17]が実施主体となっており、将来の NPO 法人化を検討しているという。

　こうした市民発のデジタルアーカイブを維持発展させる上で課題となるのは、デジタルアーカイブ構築後の持続可能性をどう担保するかという点（運営主体）と、アーカイブを地域のコモンズ（共有財産）として住民に伝え・共有するためのしくみ作り（活用方法のデザイン）である。

　この問題を考える上で参考になるのが、山梨県で活動する地域資料デジタル化研究会（地域資料デジタル化研究会, 2010）の取り組みである。同会は、地域資料デジタル化の研究・実践・普及啓発を目的に 2001 年に結成され、2008 年から、地元の写真家が撮影した昭和時代の生活風景写真をネット上に約 4000 点アーカイブしている。同会の強みは、山中湖情報創造館（村立図書館）を指定管理者として運営している利点を活かし、図書館という現実の空間とオンライン上のデジタルアーカイブを有機的に結びつつ、教育普及活動を展開できることだ。

　一方、函館市では、情報デザインの専門家である渡辺保史らが中心となり、公立はこだて未来大学と連携し、函館市中央図書館が所蔵する「幕末から明治維新にかけての絵図、地図、古写真」等をデジタルアーカイブするとともに、デジタル化した画像を再び写真パネル化し、市役所などを会場にパネル展を開催した。自身のブログで渡辺は、「そこでは、写真を見ながら『ここら辺に住んでいてねぇ』とか『ここに写ってるこの病院に勤めてたよ』とか、思い出話を

してくれる年配の方々がたくさんいた。デジタル化が、眠っていたマチの記憶を引き出すトリガーになる」(渡辺, 2010) と感想を述べる。

デジタルアーカイブを地域のコモンズとして活用するためには、少数の熱意ある個人の努力に委ねるだけでは限界がある。事業を継続させるためには、横濱写真アーカイブ協議会のように恒常的な組織を設立することや、山梨県や函館市の事例のように、地元の図書館や大学等の公的機関をはじめとする、多様な団体・機関が相互連携する体制整備が必要であろう。

 ## おわりに：地域情報プラットフォーラム作りに求められる視点

6-1：地域問題解決のカタリスト (触媒) としての「人」

本章では、主に ICT を活用した地域メディアによって、地域が変容する事例を紹介した。しかし、ネットメディア自体が、地域コミュニティを活性化するわけでない。メディアを上手に使いこなす人がいて、はじめて地域は変わる。実際、地域に活気があるところには、地域に愛着をもち、地域課題の解決に意欲をもった人が存在する。

横浜市都筑区で活動する NPO 法人「I LOVE つづき」代表の岩室晶子は、地元大学との情報交換のなかから「交通事故の多い交差点情報」を把握するための共同調査を着想し、大学と連携しながら、PTA 関係者、タクシー運転手、地元警察へのヒアリング調査と現場視察を実施した。そして、関係者が断片的にもっている道路交通情報を総合した上で、交通事故多発地帯マップを作成し、ネット上に公開した (交通事故関連調査プロジェクト, 2010)。その結果、区内 2 ヵ所の信号機が改善され、その翌年度の調査では事故がゼロに減少したという。

この事例で岩室が果たした役割は、断片的な情報を集めて統合する (情報収集・編集)、マップ化する (可視化)、ネットで発信し情報を共有する (共有化) の 3 点に集約される。さらにいえば、情報収集・編集の過程において、問題の利害関係者に自分の「思い」を伝え、共感を呼び起こし、参加協力する姿勢を引き出す「巻き込み」を行っている。岩室によれば、地元警察に、事故情報の提

供を依頼したところ、最初は協力を渋ったという。しかし、何度も足を運び、説得を続ける岩室ら関係者の熱意が地元警察の気持ちを揺り動かし、最終的には、事故情報を提供してくれることになったのである。

　岩室のこの実践は、情報デザインであると同時に、市民参加のデザインにもなっている。メディア社会学では、岩室のような存在を「コネクター」と呼ぶが（丸田2004）、筆者は、実践者の問題解決志向に着目し、"地域問題解決のカタリスト"と呼ぶことにしたい。自治体等の公的機関が提供する統計情報や地域住民の「つぶやき」から、地域に潜在する課題を読み取り、住民間で情報・課題共有を進めながら、社会変革を促す"地域問題解決のカタリスト"の存在が、地域コミュニティの活力を創造する鍵を握っている。

6-2：個々人のメディア利用の実態から発想する情報デザイン

　ICTを活用したコミュニケーションは、自宅から外出の難しい障がい者や高齢者、子育て中の女性など、リアルの場に出かけられない人々が、既知の人々とのつながりを維持し、また、あらたな出会いの機会を増やす可能性をもつ。実際、「光が丘ウォーカー」や「お茶っ人」などの事例では、オンラインでの情報交流のなかから、人と人のネットワークが広がり、オフ会という対面での交流が相まって、ソーシャル・キャピタル（社会関係資本）が着実に蓄積されている。また、「お茶っ人」では、SNSを介して異分野で活動するキーパーソンがつながり、触発しあうなかから、次々と化学反応が生まれ、あらたな企画が具現化していく様子がうかがえる。

　もっとも、ネットメディアには弱点もある。パソコン所有の有無やITリテラシーの習熟度によって情報格差が生まれる「デジタルデバイド」という課題があり、さらに、日本語の不自由な外国人住民にとっては、言葉の壁もオンラインコミュニティへの参加を困難にさせている。いまや、滞日外国人は、首都圏だけでなく、群馬県大泉町や岐阜県可児市など、地方都市にも大勢暮らしている。外国人の定住化傾向が強まるなかで、地域コミュニティ形成への住民参加を考える際には、異なる文化的背景を有する人々のコミュニケーション保障

という視点は欠かせない。

　しかし、ネットメディアを介して、複数言語によるコミュニケーションを継続することは、決して容易ではない。また、ネットメディアを介したソーシャル・キャピタルの形成過程を分析したノリス（P.Norris）が、ネット上での情報交流は「アメリカにおける人種間の分裂の接合に対してはほとんど役立っていない」[18] と述べるように、異なる文化的背景をもつ人々が相互理解を深めるには、ネットメディアを活用した情報交流には限界がある。だとすれば、外国人コミュニティと日本人コミュニティの橋渡し役となる人材を見つけ、日本語教室や国際交流イベントなどのオフラインの機会を活用しながら、複数の文化が交わる結節点を創出する「つながりのデザイン」が必要となるのではないか。

　本章では、地域ポータルや SNS など、主にネットメディアの事例を紹介してきたが、こうしたオンラインコミュニティに能動的に参加している人の割合は、地域人口全体からみると、限定的である。地域には、町内会の回覧板や地元のタウン紙に親近感をもつシニア世代、パソコンをビジネスにも私生活にも活用する PC 世代、常時携帯電話でメール交信を欠かさない若者世代など、メディア活用の様態が異なる世代が混住している。また、世代だけでなく、ジェンダー、言語圏・文化圏、IT リテラシーの習熟度によっても、地域メディアの利活用の方法は、変わってくる。

　地域のなかでみずからの「声」を表現しにくい人々の存在を意識した地域コミュニティ作りを目指すのであれば、紙媒体はもとより、図書館や公民館などのスペース・メディアも活用しながら、一人ひとりの情報ニーズやメディア利用の実態をふまえた総合的な地域情報プラットフォーラムを構想することが望まれる。

（小山　紳一郎）

【注】

(1) メロウソサイエティ構想とは、日本の急速な高齢化に対応するため、情報・通信システム等の活用により、高齢者の積極的な社会参加を支援することを目的に、通産省（現・経済産業省）が中心となってまとめた構想。

(2) 「日本のシニアネット」には 97 件が登録されている。（2010 年 11 月 29 日確認 http://

www.ichiekai.net/jpnet/50on.html）ただし、すでに活動を停止した団体も含まれる。

(3) コンピュータ通信を利用した子育て支援モデル事業を 1997 年に始めた鈴木久美子（現在は多摩市愛宕児童館長）によれば、1996 年には民間の「子育てネットワーク」が活動していたという（鈴木への電話インタビュー、2010 年 12 月 10 日）。

(4) はままつ子育てネットワークぴっぴ HP（2010 年 11 月 28 日取得、http://npo.hamamatsu-pippi.net/）

(5) 「多言語メディア」とは、地域に住む外国人住民等に対して、行政サービスなど日常生活に必要な情報を多言語で提供するため、自治体、国際交流協会、NGO 等が編集・発行するメディアをいう。

(6) 白水（1996）は、エスニック・メディアを「当該社会に居住する人種的・民族的マイノリティの人びとを主たる受け手とする定期的情報媒体」と定義し、さらに「多言語メディア」を、「広報・ボランティアミニコミ」と呼称する。

(7) 本調査は、神奈川県が設置する外国籍県民かながわ会議において「自治体が発行する多言語情報が外国人住民に届いていない」との指摘が度々あったことから、その原因を探る目的で企画された。2004 年度調査は、多言語資料の発行・所蔵・活用状況の全体像を把握するため、多言語資料を所蔵している国際交流ラウンジ、図書館、公民館へアンケートとヒアリング調査を実施した。

(8) 2005 年度調査は、多言語情報の到達度と情報経路を探る目的で、外国人住民を対象にヒアリング調査を実施した。

(9) 財団法人地方自治情報センター、2009、『官民協働による地域ポータルサイトの運営に関するアンケート調査』による。

(10) 木原充雄、木原実穂へのインタビュー（2010 年 5 月 8 日）

(11) 斉藤保へのインタビュー（2010 年 10 月 12 日）

(12) 財団法人地方自治情報センター『地域 SNS の活用状況等に関する調査』による

(13) Twitter は、「ミニブログ」とも呼ばれる。2010 年 3 月現在、国内の Twitter 利用者数は約 750 万人（ネットレイティング社調べ）。

(14) 国立市の Twitter ポータル『Kunitter』http://kunitter.com/

(15) 海老名市の地域 Twitter ポータル『えび Now!』http://www.ebinow.net/

(16) デジタルアーカイブとは、収集された現物に、デジタル技術を適用し、アーカイブ化とアーカイブのデジタル化を同時並行で進めているもの。月尾嘉男（東大名誉教授）が、最初にデジタルアーカイブという和製英語を使い始め、用語として定着させた。

(17) 横濱写真アーカイブ協議会の構成員は、財団法人横浜開港 150 周年協会、社団法人横浜港振興協会、横浜市、横浜市民メディア連絡会、横浜市立大学国際総合科学部鈴木研究室、その他趣旨に賛同する団体・個人。

(18) R. パットナムは、ソーシャル・キャピタルを、結束型（同質性の強い構成員による閉じられたネットワーク）と接合型（異質性をもつ構成員に開かれたネットワーク）に分類している。P. ノリスは、ネット上での情報交流は、異なる人種間を接合することには貢献しないが、世代間交流には有効である、との調査分析を報告している。

【参 考 文 献】

浅岡隆裕, 2007, 「地域メディアの新しいかたち」田村紀雄・白水繁彦『現代地域メディア論』日本評論社.

地域資料デジタル化研究会ホームページ（2010 年 11 月 28 日取得, http://www.digi-ken. org/）

E ジャパン協議会, 2003,『e コミュニティが変える日本の未来―地域活性化と NPO』NTT 出版

今村晴彦・園田紫乃・金子郁容, 2010,『コミュニティのちから―"遠慮がちな"ソーシャル・キャピタルの発見』慶応義塾大学出版会

岩室晶子, 2009, 「都筑区「I LOVE つづき」の市民活動」村橋克彦監修, 2009,『横浜まちづくり市民活動の歴史と現状―未来を展望して』学文社

笠羽晴夫, 2010,『デジタルアーカイブ―基点・手法・課題』水曜社

財団法人神奈川県国際交流協会編, 2005,『多言語生活情報の提供・流通』財団法人神奈川県国際交流協会

財団法人神奈川県国際交流協会編, 2006,『多言語生活情報の提供・流通その 2―多言語生活情報センターの活動の展望』財団法人神奈川県国際交流協会

財団法人神奈川県国際交流協会編, 2008,『多言語生活情報の提供・流通その 3―多言語情報の効果的な伝達に向けて』財団法人神奈川県国際交流協会

河井孝仁・遊橋裕泰, 2009,『地域メディアが地域を変える』日本経済評論社

交通事故関連調査プロジェクトホームページ（2010 年 11 月 28 日取得, http://webtown-yokohama.com/ilt/?page_id=59）

小山紳一郎, 2001, 「生涯学習社会を変える二つのメディア―NPO とインターネット」『社会教育』財団法人全日本社会教育連合会

庄司昌彦, 2007,『地域 SNS 最前線ソーシャル・ネットワーキング・サービス―Web2.0 時代のまちおこし実践ガイド』アスキー・メディアワークス

庄司昌彦, 2009, 「地域 SNS の動向と将来像―全国および海外の事例から」『季刊まちづくり 24』学芸出版社

白水繁彦, 1996,『エスニック・メディア, 多文化社会日本をめざして』明石書店

菅谷実・金山智子, 2007, 『ネット時代の社会関係資本形成と市民意識』慶応義塾大学出版会

鈴木久美子, 1998, 「コンピュータネットワークを利用した家庭教育の振興及び子育て支援への事業展開について」『平成9年度社会教育研究奨励事業報告』東京都教育庁生涯学習部振興計画課

鈴木久美子, 1999, 「コンピュータネットワークを利用した家庭教育の振興及び子育て支援への事業展開についてⅡ」『平成10年度社会教育研究奨励事業報告』東京都教育庁生涯学習部振興計画課

田村紀雄・白水繁彦, 2007, 『現代地域メディア論』日本評論社

財団法人地方自治情報センター, 2007, 『地域SNSの活用状況等に関する調査』

財団法人地方自治情報センター, 2009, 『官民協働による地域ポータルサイトの運営に関するアンケート調査』

津田大介, 2009, 『Twitter社会論―新たなリアルタイム・ウェブの潮流』洋泉社

中村俊二・杉本星子, 2009, 「京都山城地域SNS『お茶っ人』」『季刊まちづくり24』学芸出版社

ピッパ・ノリス, 2003, 「ソーシャル・キャピタルと情報通信技術」宮川公男・大守隆編, 2004, 『ソーシャル・キャピタル―現代経済社会のガバナンスの基礎』東洋経済新報社

藤田昌弘, 2009, 『官民連携地域ポータルサイトに求められる要件と信用の源泉』大手前大学

松浦さと子・川島隆編著, 2010, 『コミュニティメディアの未来―新しい声を伝える経路』晃洋書房

松本恭幸, 2009, 『市民メディアへの挑戦』リベルタ出版

丸田一, 2004, 『地域情報化の最前線―自前主義のすすめ』岩波書店

丸田一・国領二郎・公文俊平, 2006, 『地域情報化―認識と設計』NTT出版

宮田加久子, 2005, 『きずなをつなぐメディア―ネット時代の社会関係資本』NTT出版

和崎宏, 2009, 「ICTによるまちづくりツールの構築―地域SNS『ひょこむ』の実践」『季刊まちづくり24』学芸出版社

渡辺保史, 2001, 『情報デザイン入門―インターネット時代の表現術』平凡社

渡辺保史, 2010, 「創造するコミュニティ」ホームページ（2010年11月28日取得、http://blog.livedoor.jp/wlj_watanabe/）

少子高齢化社会の
パブリックコミュニケーション

0 は じ め に

2008 年 4 月 1 日に長寿医療制度（別名　後期高齢者医療制度）の導入をしたが、以来この新制度に対して多くの意見が寄せられ、これに伴い批判が噴出した。その結果、政府は 2013 年に現行制度を廃止して、あらたな制度へ移行することを決めた。

後期高齢者医療制度導入の混乱が発生した原因について厚生労働省は「長寿医療制度については、PR が不十分だったこと等もあり、高齢者の皆様をはじめとして、不安と混乱が生じてしまいました」とホームページで言及している。「後期高齢者」のネーミングが差別的なニュアンスを感じさせると同時に、制度の対象となる人々への説明不足など、政府広報の問題点について多くの人たちが指摘している。

この問題は、同時に少子高齢化が進む日本社会に重要な課題も提示した。急速な少子高齢化に対応するため、社会システムを変革し、あらたな制度や政策を実践することが求められるなか、肝心の高齢者が不在ということである。新しいシステムの制度設計やこの導入・施行という一連の過程で、当事者となる高齢者たちが中心におらず、周縁に置かれているのである。

三浦は、パブリックコミュニケーションを「各種の『公衆関係』の全過程のなかで展開される『情報過程』」（三浦 1977：12）と定義し、その基本要素として「公衆関係」と「情報過程」の二つの概念が重要だとしている。公衆関係（パブリックリレーション）については他章でも説明されているが、本章では「矛盾や対立、均衡など、緊張関係あるいは利害関係」の視点から把握する。情報過程は、「ある状態から他の状態への変化、すなわち時間的経過に伴う情報的変化」と考

えられる（三浦 1977）。これらの視点をもとに、本章ではパブリックコミュニケーションを「ある主体が自身および利害関係者間で情報を共有し、相互理解を進め、合意を形成し、意思決定を行うこと」とする。

　少子高齢化に対応した社会を構築していくには、当事者である高齢者や子どもたちを含む利害関係者のあいだで情報共有をし、理解を深め、合意した上で、新しい制度や施策を決定していくことが重要となる。日本の長寿医療制度には制度設計から導入への一連の過程で、パブリックコミュニケーションに多くの問題が存在していたことを覚えておく必要がある。

　高齢者は社会の重要な構成員でありながら、これまでパブリックコミュニケーションのなかで置き去りにされてきた。高齢者はほかの世代と同様に日本国民が日常生活でさまざまな問題に直面しながら生活している存在、いわゆる「現役生活者」という利害関係者である。それにもかかわらず「年金生活者」あるいは「引退者」という特殊なアングルで位置づけられている。高齢者らは、直接世の中とコミュニケートし、みずからの声を発信する機会が限られてきた。

　本章では、高齢者がパブリックコミュニケーションに関わる際の問題とその背景について解説した上で、高齢者がパブリックコミュニケーションにおいて能動的に関わることが社会においてどのように必要で意義あることなのかについてひも解きたい。

 ## 1　「もの言わない」現役生活者

　高齢者は高齢化社会において中心的な存在だが、実際には現役生活者というよりも、一線から身を引き、年金で細々と静かに余生を送っている人たちとのイメージが圧倒的である。なぜそのようなイメージが社会に浸透してしまったのだろうか。現実とのイメージギャップはどれくらいあり、これがパブリックコミュニケーションにどのように関係するだろうか。

1-1：高齢化ショック

　日本が世界一の高齢化社会であることは周知のことである。欧米先進国では半世紀から1世紀をかけ、比較的緩やかなスピードで高齢化が進んでいる。これに対し日本の高齢化は他国をはるかに上回るペースであり、日本で高齢化社会を思い描くことは「未知との遭遇」体験だといってもおかしくないのである。この状況に対し、日本社会は、期待ではなく大きな不安を抱き続けてきた。医療、福祉、社会保障制度、労働人口、年金制度などの分野で国民の不安は増大し、この不安は高齢者を包含する社会システムを安定化させることに力点が置かれる状況を生んだ（辻2003）。このような社会・経済政策を中心としたマクロ的考えは、高齢化社会を否定的にとらえる方向に向かわせた。当事者の高齢者たちのイメージは、社会にとって「歓迎される人たち」とは描かれていない。高齢化社会は長寿願望を実現した社会であり、平和で明るい社会が実現された結果の社会現象と歓迎されるべきだろうが、逆に社会的不安だけが先行してしまい「良い社会」とはイメージされていない。高齢化社会の進展は社会的不安をもたらすという一面的なメディア報道によって助長され、未来の日本社会に対する根拠のない不安感が国民のあいだに蔓延する一因ともなっている。

　人は生を得た瞬間から年をとり始める。しかし、一般的に「老化」あるいは「エイジング」と呼ばれる、高齢者になっていく過程は「老人」に対してのみ使われる。老人は何歳からという厳格な定義は実在しないし、存在しえない。日本では通念的に65歳以上を老人とすることが多いが、これは1963年の老人福祉法で制定されて以来、便宜的、かつ慣習的に使われているにすぎない。したがって、65歳を高齢者や老人とするのは、経験則と社会的な便宜性によって設定されたにすぎない（辻2003）。65歳で人が「高齢者」や「老人」になったと感じるかどうかは個人的な差異があるはずだが、社会システムが「65歳＝老人」を前提にしていることから、人は65歳で否が応でも「老人の仲間になった」と感じさせられることが多い。この点を考慮するならば、これまで「高齢者」とひとくくりにしていた人たちを、さらに上層の第二層として「後期」としたことに対し「75歳以上を後期高齢者と呼ぶのは失礼」といった批判が出たことに

も多くの人が違和感を覚えている。このような批判から政府は「後期高齢者医療制度」を「長寿医療制度」へと名称変更する異例の対応をとった。制度設計の過程で対象となる高齢者たちの意見をきちんと聴かなかったことがこの結果を生んだ。

　公衆関係（パブリックリレーションズ）は情報を送り・受け取る、ツーウェイ・コミュニケーションによって構築・促進されるが、実際には情報を受け取る際の「聴く」という行為が重要となる。広報（伝える）と広聴（聴く）のどちらにも大きな欠点を抱えたまま誕生した長寿医療制度は、高齢者とのパブリックコミュニケーションの負の産物として世の中に打ち出された典型的な事例だと考えることもできる。

1-2：「ひとくくり」で語られる高齢者たち

　エイジングは生理的現象というよりも、むしろ社会システムにおいて「老人」「年寄り」としてみなされる客観的な事象とされる傾向がある。この社会における客観化の強制により、人は自分自身が「老人」「高齢者」であると心理的に認めるための過程をたどる。高齢となっていく人々が、どのような当事者として社会のなかで位置づけられ、彼らとのコミュニケーションが発生するかは、変化し続ける社会が抱える問題でもある。

　エイジングに対する態度は、ある特定の社会や文化によって影響を受ける。たとえば、かつての農耕社会において高齢者は、土地所有者であり、豊富な経験や知識をもつ知恵者であった。長老として尊ばれ、コミュニティの儀式や取り決めにおいて、彼らの発言が絶対的な力をもって人々に受け入れられていた。しかし、工業化が進んだ近代社会で高齢者は「生産能力が劣った人たち」としてネガティブに扱われるようになった。さらに、現代の高度情報化社会では、日進月歩変化するテクノロジーについていけず「デジタル・ディバイド（情報弱者）」の一番手として位置づけられている。社会変化に伴い、高齢者は、「より弱い者」「使えない者」としての烙印を押されるようになった。数年前に流行った「老害」という言葉はそれを端的に表している。

老化に対する知識や観点が修正され、間違った見方が改善されても、老人に対する社会の態度は簡単には変わらない。高齢者に対する差別を導く否定的な態度や行為をエイジズムと呼ぶ（辻 2000）。このエイジズムは社会制度から個人の態度に至る、さまざまなレベルで幅広い現象として見受けられる。たとえば、高齢者の雇用・住宅政策、ヘルスケア、各種優遇措置などは「制度エイジズム」といわれる。個人レベルでは、「年寄りは嫌い」といった老人嫌悪、逆に「年寄りはかわいい」というような老人愛は「個人エイジズム」と呼ばれる。こういったエイジズムはメディアの「高齢者」に対するステレオタイプ的な描写（たとえば、「弱い」「醜い」「頑固」といった否定的なイメージ）によって強化あるいは助長されている（音 1997）。核家族化が進み、高齢者が身近にいない若い人たちにとってはメディアで描かれる高齢者が「老人像」として構築され、それが老人に対するレッテル化を進めていく（辻 2000）。

　2007 年に内閣府が行った「高齢者の健康に関する意識調査」では 65 〜 69 歳で健康状態が「良い」と回答したのが約 4 割ともっとも高い。これは年代と反比例しており、80 歳以上になると「あまり良くない」が 27.8 ％でもっとも高くなり，「良い」は 14.5 ％ともっとも低くなる（内閣府 2007）。しかし、健康状態が普通以上と回答した割合は 80 歳以上でも全体の 6 割以上を占めていた。社会が高齢者に抱く「病気」「精神的衰退」といったステレオタイプ的なイメージと、高齢者自身の意識のあいだには大きなギャップがある。最近では、元気なお年寄りのイメージを逆に誇張した「超人的な高齢者」といった描写もテレビコマーシャルなどで見かけるが、「要介護高齢者」と「スーパー元気高齢者」といった極端なイメージ自体問題であると指摘されている（樋口 2004）。現実には平均的に健全な高齢者が多いにもかかわらず、身体的にも精神的にもネガティブなイメージが社会に浸透していることから、高齢者は、結果的に高齢化社会時代のお荷物として社会の周縁に置かれ排除されるようになった。このような状況が、高齢者に対する諸制度の設計・実施を高齢者不在のまますすめることを助長したのである。

　すでに指摘したが、日本では、慣習的に 65 歳以上を高齢者としてひとくくり

にして語ることが多い。しかし、65歳と85歳では20歳の差があり、各世代に
よって考え方の違いも当然存在する。20代と40代の場合は同グループとして
扱わないのに、老いた者は同じコホートとして考えてしまうことに矛盾がある。
65歳の人たちは戦時中に幼少期を過ごしていたが、85歳の人たちは戦争を体験
している。長寿医療制度が対象とした75歳以上の世代に関しては、「現役の政
治家はみんな年下、言いたいことがたくさんある」「戦争の悲惨さを体験した最
後の世代」「もったいないの心をもち、恥の文化を大切にする世代」といった傾
向があげられる（プリエール2008）。パブリックコミュニケーションでは、対象と
なる利害関係者に合わせたコミュニケーションが不可欠となる。しかしながら
長寿医療制度では、政府広報が各年代に合致した対応を実現できず、結果とし
て社会を構成する人々全体の無理解と制度的欠如を露呈してしまった。

❷　高齢者との間違いコミュニケーション

　高齢者が他者とコミュニケーションをする際、特徴的な行為がある。それは
「回想」である。回想は心のなかの行為であり、何かに書く、あるいは、他人と
話すといったなかで起こる。どの世代の人にも起きる行為だが、とくに高齢者
の会話において回想はかなり主要な部分を占める（Nussbaum, Pecchioni, Robinson
& Thompson, 2000）。

　回想には、①知識的回想（再び思い起こしたり、再び語る楽しみ）、②評価的回想
（人生回顧のようなもの）、そして③強迫観念的回想（罪責感やストレスなど）の3タ
イプがある。高齢者との会話の経験から、「年寄りは同じことを何度も話す」「す
ぐに昔の話になる」という人たちは多く、高齢者の回想は面倒くさい、あるい
はわがままな行為と受け取られがちであった。しかし、最近では高齢者の環境
変化（死の恐れ、深い悲しみなど）の適応に際し、この回想が役立つことが明らか
になった。これ以外にも、自分のアイデンティティを維持・再確立したり、自
己管理したりと、回想がもたらすポジティブな役割が見直され始めた。同時に、
高齢者の話を聴く、いわゆる「傾聴」が高齢者とのコミュニケーションにおい

て非常に重要であることも指摘され始め、傾聴ボランティアという福祉サービスも増えている（ホールファミリーケア協会 2009）。

　また、介護の現場などで、あたかも小さな子どもに接するように高齢者に話しかけたり、扱ったりする光景を目にするが、これは高齢者に対する一種の否認的態度と考えられる。同じことをくり返し話すことに対し、若い人たちは「それはもう聞いた」と否認するのと同様、幼児扱いのような否認的な態度を示すことが高齢者の自尊心を傷つけることもある。高齢者に導入される新しい政策を説明する際にも、高齢者を何事も理解できるおとなとして偏見なしに接することが望ましい。

　高齢者のコミュニケーションにおける特徴を正しく理解することなしに、双方向のコミュニケーションが成立することは難しい。たとえば金融機関や自治体の窓口などでは、若い担当者が高齢者の対応をうまくこなせないという報告もある（プリエール 2008）。マニュアル的な窓口対応で、複雑な内容を高齢者に説明し、理解してもらうことはきわめて難しい。高齢者が理解しやすいコミュニケーションのあり方を専門家や当事者の高齢者たちを巻き込んで検討・吟味すること、その上で高齢者と実際にコミュニケーションする担当者に徹底して実践させ、体得させていくきめ細かなコミュニケーションが求められる。高齢者を対象としてよりよい広報・広聴を実現するためには、まず高齢者とのコミュニケーションについて正しく理解することが不可欠である。

 ## 3　情報装置はマスメディア

　パブリックコミュニケーションが発生する際、情報がやりとりされる過程において利害関係者はなんらかの手段によって情報を得て、理解し、それに対応する。広報活動では、利害関係者としての対象者に合致したコミュニケーション手段を選択することが重要となる。それでは、高齢者の場合はどのようなコミュニケーション手段が日常的にとられるべきだろうか。

　メディアへの依存が強まっている社会では、高齢者は、他世代と同様メディ

アへの接触度は高い。とくに、テレビ、新聞、ラジオといった既存のマスメディアへの接触率が高いのが特徴である。その理由として戦後、日本が復興・民主化される社会で発達したテレビやラジオに若い時から馴染みがあることがあげられる。高齢者にとってマスメディアは日常的に情報を得るための重要な装置なのである。

　NHK放送文化研究所の「2005年国民生活時間報告書」によると、高齢者のテレビ依存度は他の年代のなかでもっとも高く、60代よりも70代の方がさらに依存が高い傾向が示された。これまでの調査で高齢者のテレビ視聴では、ニュース、報道特集、ニュース解説、ドキュメンタリー、天気予報などの視聴傾向が高く、情報志向が強いことが報告されている。また、ゴールデンタイムのテレビニュース番組のもっとも大きな視聴グループであり、ローカルニュースもよく視聴する傾向がある。

　新聞に関しては、60代も70代も購読率が96％以上と非常に高い。高齢者の新聞閲読行動調査（小田 2002）でみても、他の年代と比較して新聞閲読時間が群を抜いている。学歴が高いほど閲読時間が、有職よりも無職の閲読時間がそれぞれ長くなっている。

　高齢者にとってのマスメディアの役割と目的は以下のようにまとめられる（Nussbaum, Pecchioni, Robinson & Thompson 2000）。

① 対人インタラクションの補助や補完
② 対人インタラクションのための話のネタ集め
③ 自己知覚の形成やさまざまなグループの人たちの社会的な認知について情報収集
④ （高齢者として）適切な行動を学ぶ
⑤ 知的な刺激やチャレンジを提供
⑥ 他のメディアよりも安い代替
⑦ ネットワーキングや相互扶助を提供
⑧ 自己改善の提供
⑨ 娯楽の提供

⑩ 仲間や安全の提供

　高いマスメディアへの接触度から、高齢者を対象とした広報は複数のマスメディアを効果的に活用することが望ましいといえる。また、収集した情報から学習したり、友人や知人に伝えたりと、二段階、三段階で伝わっていく中で情報が変化していくこともわかる。高齢者が接触する度合いの高いメディアを活用することは広報の鍵であることを再認識した上で広報戦略をたてることが必要である。

　メディアにとっても高齢者は重要かつ一番の情報消費者であり、これを念頭においた番組や紙面づくりに取り組むべきだろう。たとえば、高齢者がヘルパーと時間を過ごす時間帯に、一緒に理解を深められるようなテレビ・ラジオ番組編成を行ったり、単なるニュースとは異なる番組を設けたりするなど、情報の伝達や浸透のさせ方にも工夫が必要である。

　これまで高齢者はテクノロジーには疎い人たちと見なされてきた。実際、認知能力が低下したり、視聴が衰えたり、身体的な面からみれば、高速化と小型化が進む情報コミュニケーション技術の採用過程では、高齢者の多くが、もっとも採用が遅い「遅滞者」グループに属することとなる。だからといって、高齢者は、たとえばパソコンや携帯電話を使わない人たち、と決めてしまうことは問題である。他世代に比べれば、普及速度は遅いが、確実にこういった新しいテクノロジーに適応する高齢者は増えている。

　総務省の調査によれば、60代の携帯普及率は7割以上（男性71.7％・女性73.9％、70代では5割近く男性48.3％・女性47.4％）との結果が出た（総務省2010）。他の世代では携帯普及率がかなり飽和状態になっているなか、高齢者の携帯電話普及率は、今後も伸び続けていくことが予想される。これを考えれば、マスメディアだけでなく、デジタル化された新しいコミュニケーションツールを積極的に活用した広報・広聴の方策も必要となるであろう。

　エイジズムが存在する社会において、高齢者に対して「積極的に生きる現役生活者」のイメージを定着させることは至難の業である。高齢者は今後の社会を形成する大切な構成メンバーとはとらえられにくい。社会も個人も高齢者の

声を積極的に聞く姿勢が欠如している。今こそ的確な広報・広聴を実現するためのパブリックコミュニケーションを根本的に見直す必要がある。具体的な検討事項をまとめると以下の通りとなる。

- ・高齢者への情報発信不足
- ・高齢者の気持ちを汲みとったコミュニケーション
- ・年代別ターゲットの把握
- ・高齢者コミュニケーションの特徴の把握
- ・高齢者の高接触度メディアの活用
- ・フェイスツーフェイスコミュニケーションの活用
- ・メディア側の社会的責任

　これらは単なる広報広聴の方法論の問題ではなく、高齢者とのパブリックコミュニケーションの実践にとって不可欠な要素である。これらの点を見直し、検討していく過程において「高齢者を不在にしない」ことが、社会全体のなかで、円滑なパブリックコミュニケーションを促進することにつながる。

　「ものを言う」現役生活者たちへ

　これからの社会において、高齢者が現役生活者として「ものを言える機会」を作ることが不可欠であり、メディアはそのためのツールとなる。当事者みずからがパブリックコミュニケーションの中心となり、さまざまな利害関係者とみずからコミュニケーションを行うことは、とくに高齢化社会にとって重要となる。

　阿久津（1977）は、「パブリックコミュニケーションを公衆関係の単なる問題解決的過程としてとらえるのではなく、また、事態対処的思考をもつものでもなく、むしろ、公衆関係確立のためのコミュニケーション、つまり『公衆化』の過程として考えることが必要」であると述べている。一般市民の公衆化は普段の日常生活レベルで進展する。本章の冒頭で述べたように、パブリックコミュニケーションにおいて「公衆関係」と「情報過程」が重要な要素となってい

ることは間違いないが、一般市民の生活のなかで、どのように情報過程と公衆化が関わっていくのかという視点の欠落を克服することも大事である。

松原は「市民の情報体系の確立」が必要であり、そのためには次のような条件が整うべきと指摘している（1973：174-175）。

(1) 市民生活の利害にたって、市民としての生活者たちのイニシアティブを前提としたうえで、「市民の権利という形で利害は社会化されている」。
(2) 情報公開性と相互的流れを保障するフィードバック・システムが必要。
(3) (1) における情報の市民生活化と (2) における情報の公開性とを実質化するために「情報の公共化」が必要。
(4) 市民ひとりひとりが「主体的・積極的にコミュニティ活動・コミュニティ運営に参加するという立場」にたつ必要。「情報の消費者」から「情報の生産者」へ、つまり「情報主体」になる必要。

松原の指摘でみられた「市民」を「高齢者」に置き換えてみよう。まず高齢者の権利について利害が社会化されているとは端的に言い換え難い。しかし、高齢者のイニシアティブを前提にすべきという視点が重視されるべきとの立場を念頭におけば、この点は容易に理解されるだろう。情報公開性とフィードバックシステムに関しては、すでに説明してきたように、非常に問題が多い。情報の公共化の実現に関しては、高齢者同士のネットワークが必要となるが、それを支えるしくみは、現在では地域の自治会やシニア系 NPO の力に頼るところが大きい。今後、体系的なシステムの検討・構築が課題となるだろう。最後の高齢者の地域コミュニティ活動への参加については、自治体や非営利セクターが高齢者へ期待する部分が大きい。とくに団塊の世代に対しては、自治体も積極的に参加を呼びかけている。その呼びかけは「引退しても現役でいよう」あるいは「これまでの経験をコミュニティに活かそう」といったものが多い。しかし、NPO・ボランティアは、余暇を過ごすための場ではなく、「自分たちのコミュニティをよくしていこう」とする当事者意識をもった前向きな参加の場として位置づけられるべきで、高齢者を巻き込むには、この立場をより明確

に打ち出して、メッセージとしてパブリックコミュニケーションのチャンネルにのせる必要があるだろう。

2010年5月、高齢者や障がい者の意思を政治に反映させるための問題点の洗い出しと、この解決法を探る目的で「高齢者の政治参画を考えるフォーラム」が開催された。選挙権をもって政治に参加してきた人々が、高齢者になっていく過程で政治や社会から徐々に遠ざかっていくという事例が多くみられる。さらに、介護施設などに入所した高齢者に対し社会参画を可能とするような制度・システムも用意されていない。だが高齢者であることと、政治や社会に参加しないことは、本来、まったく関係がない。むしろ、高齢者だからこそ、社会と隔絶されることなく、より積極的に関係していける状況が生まれるべきだろう。

「高齢者」であることは、権利としてではなく、ひとつの属性に位置づけられていることにすぎない。その属性ゆえに、公共の空間や制度から排除されることこそが問題なのである。それは「若者」に対しても同様のことがいえる。「まだ若いから、考えなくてよい」などという論理がそれにあたるだろう。高齢者だけが声をあげるのではなく、高齢者という属性をもった人たちと若者という属性をもった人たちが、パブリックコミュニケーションを通じて、世代を超えて重層的で横断的な関係を築くことが可能な社会の実現が、少子高齢化社会でもっとも求められているのである。

（金山　智子）

【参　考　文　献】

樋口恵子，2004，「高齢化社会とメディア」新聞通信調査会特別講演会（2004年10月14日）．

ホールファミリーケア協会，2009，『新傾聴ボランティアのすすめ―聴くことでできる社会貢献』三省堂．

香取淳子，2000，『老いとメディア』北樹出版．

松原治郎，1973，「地域社会の変容とコミュニケーション」内川芳美他編『情報と生活』東京大学出版会．

三浦恵次, 1977,「第2章パブリック・コミュニケーションの意味」三浦恵次・阿久津喜弘編『パブリック・コミュニケーション論』学文社.

内閣府, 2007,「高齢者の健康に関する意識調査結果」高齢社会対策ホームページ（2010年8月20日取得,
　　　http://www8.cao.go.jp/kourei/ishiki/h19/kenko/gaiyo/pdf/kekka.pdf）.

NHK放送文化研究所, 2005,「2005年国民生活時間報告書」NHK放送文化研究所（2010年8月20日取得,
　　　http://www.nhk.or.jp/bunken/research/life/life_20060210.pdf）.

Nussbaum, F. Jon, Pecchioni, L. Loretta, Robinson, D. James, & Thompson, L. Teresa, 2000, *Communication and Aging*, Lawrence Erlbaum.

小田勝利, 2002,「高齢者の新聞閲読行動」『人間科学研究』10（10）.
　　　（2010年8月22日取得,
　　　http://www2.kobe-u.ac.jp/~oda/newspaper.pdf）

大山博・須藤治夫編, 1997,『ふれあいのネットワーク―メディアと結び合う高齢者』日本放送出版会.

音好弘, 1997,「第六章　マスメディアと福祉をどう結び付けるか」大山博・須藤春夫『ふれあいのネットワーク―メディアと結び合う高齢者』日本放送出版協会.

プリエール, 2008,「良識の世代に伝わる広報」『PRIR7月号』宣伝会議, 29-49.

Rosow, Irving, 1974, *Socialization to Old Age*, University of California Press.（＝1998, 嵯峨座晴夫訳『高齢者の社会学』早稲田大学出版.）

総務省, 2010,「平成21年全国消費実態調査」（2010年8月15日取得,
　　　http://www.stat.go.jp/data/zensho/2009/taikyu/pdf/yoyaku.pdf）.

辻正二, 2000,『高齢者ラベリングの社会学』恒星社厚生閣.

辻正二, 2003,「高齢化社会とエイジング」辻正二・船津衛編『エイジングの社会心理学』北樹出版.

民主主義とインターネット
新しい取り組み

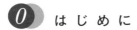 **はじめに**

　2010年9月7日のTBSラジオ『KIRA☆KIRA』のなかで、ゲストの上杉隆氏（ジャーナリスト）が以下のように発言した。「世論はマスコミが作り上げるもの。選挙で示されるのが民意なんです」。これは民主党の代表選挙に関し、マスコミによる世論調査で菅直人氏が優勢となり、インターネットの調査では小沢一郎氏の支持が圧倒的に高いことを受けて、「小沢氏が勝った場合は世論調査に民意はない」ということを示した発言だった。結果は、上杉氏の期待を外れ、菅直人氏の圧勝であり、党員・サポーター票、地方議員票そして国会議員票もすべて菅氏の方が上回った。

 インターネットと公職選挙法

1-1：民意を吸い上げる手段

　前述の上杉氏の発言によれば、「民意は菅直人氏を選んだ」といえる。マスコミの世論調査も菅氏優勢だったので、世論と民意は同じ結果を出したのだ。上杉氏の発言は、かなり小沢支持にバイアスがかかっているため、すべてを正しいとすることはできないが、選挙結果はその時の民意を吸い取るという考え方は、選挙のあり方を考える上でも興味深い。その選挙において、民意を正しく吸い上げるには、投票結果が意図的に操作されることがあってはならない。金銭の授受だけでなく、度の過ぎた依頼や恫喝などで選挙結果が特定の人物、団体や組織の意図するものになってしまった場合、それは選挙そのものの意義が失われることになり、民主主義の崩壊につながってしまうのだ。

そこで、公職選挙法が登場する。現在の公職選挙法は、昭和25年に制定された法律で、国政選挙だけでなく、地方選挙に関しても事細かく定められている。制定後、世の中の状況の変化に応じて、細かな修正・変更は加えられてきたが、大きな技術革新や世相の変化には対応できていない。その最大のものが「インターネット」への対応なのである。

1-2：初のインターネット選挙

選挙におけるインターネット利用は、1990年代中頃から行われ始めた。ただ、そのころはウェブサイトを制作するための手段がHTMLの直書きしかなかったため、内容も簡単な文章の羅列と小さな写真程度であった。インターネットが本格的に使われ出したのは1990年代後半からで、ウェブブラウザとしてインターネットエクスプローラー（マイクロソフト）が、OSに標準で搭載されるようになってからだった。

2000年10月。日本ではじめて、インターネットを積極的に使った選挙が行われた。長野県知事選挙である。どこが日本初かというと、ウェブサイトではなく、メーリングリストを「勝手連」と呼ばれた選挙ボランティアと選対本部とのコミュニケーションツールとして24時間活用し、大方負けると予想されていた選挙をおよそ1ヵ月で逆転して、当選させてしまったからだ。当時、インターネットの接続は、ほとんどが電話回線を使ったモデムによるものであり、ISDNの普及も始まっていたが、まだ一般的なものではなかった。電話回線を使った場合、接続時間によって電話料金がかかるために、ウェブサイトを閲覧するだけで料金がかかってしまう。したがって、あまり多くの情報を入れても、見てもらう可能性は少ない。さらに、インターネットユーザー自体が少ないために、有権者全体の投票行動に影響を与えるほどの力はなかった。

メーリングリストの使用を思いついたのは、すでに候補者(田中康夫)の公式サイトが立ち上がっていたことと、筆者が開発職の会社員だったために、夜に自宅で手伝うことしかできなかったからだった。メーリングリストの効果は絶大だった。毎日24時間稼働しているメーリングリスト内では、「今日の主婦向けミ

ニ集会では、こんな話がウケた。今後、同じような集会ではそれでいこう」「会場を移動するとき、先導車がいないことがあった。これからは前日に会場間の移動を見直そう」さらには「怪文書が出回っているようだ。最後の大ネタが配られるとしたら、今日の深夜から明け方にかけてでしょう。起きていられる人は、自宅まわりの警戒をお願いします」など、途切れることなくメールが行き交った。時には候補者の田中康夫氏も加わり、注意を喚起したり、鼓舞したり、まるでそこから県内のうねりを出すかのように、多くの情報共有が行われたのである。

　このメーリングリストのメンバーのほとんどは40代以上の男女だった。なかには、この選挙ではじめてインターネットにふれた人も数名いた。インターネットの経験者が集まってきたといっても、多くがメーリングリストは初体験だったために、運営は簡単にはいかなかった。顔を見たこともない、メールアドレスしか知らない相手に、メーリングリストのしくみを教え、ルールを理解してもらわなければならない。

　たまには失敗もあった。メーリングリストでよくある「個人に出したつもりのメールが、メンバー全員に行ってしまった」というものだ。それも、特定の人物への不満とか陰口がメンバー全員に行ってしまうこともあり、間違って出してしまった人から「どうにかして届かなくする方法はないでしょうか」と頼まれたことも何度かあった。

　いくつかの困難を乗り越えて、10月15日。当初の予想を覆し、田中康夫氏は長野県知事に当選した。当選した理由はいろいろ考えられている。もちろん、県内で圧倒的に購読者数が多い（47万部）信濃毎日新聞や、全国ネットのマスメディアによる報道で県民の関心が一気に上がったこともあるが、およそ1ヵ月強のあいだに、過疎地域まで含めて、「勝手連」が動き、確実に票につなげていったのは、メーリングリストによるところが大きかったのは事実だ。

　その後、多くの選挙では、スタッフ間の連絡網としてメーリングリストが使われている。今年（2010年）に行われた参議院選挙でも、たとえば蓮舫氏の選対では、スタッフ用や学生ボランティア用など、複数のメーリングリストが使用されていた。大きな選挙になればなるほど、また関わる人数が増えれば増えるほど、メ

ーリングリストの効果は現れやすくなる。現在の選挙では、ウェブサイトの効果も出てきているが、まだメーリングリストの効果は大きいといえるのである。

1-3：時代遅れの公選法

2000年の長野県知事選において、もっとも気を使ったのが公選法の扱いだった。公選法にはインターネットに関する記述がないので、何をどこまでやったらよいのかわからない。他の事例を調べてみると、「どうも選挙期間中の更新はダメらしい」ということがわかった。しかし、その方法はさまざまだった。告示・公示日に画面を一色で塗りつぶしてしまうものや、そのまま表示させて一切更新しなくするものなど、何の基準もないために、選挙する方も選管や警察も明確な判断基準をもっていなかった。

先に記したように、公選法は昭和25年に制定されて、大きな変更をせずに現在に至っている。インターネットに関する記述はないために、いまだに「総務省の見解」が基準となっているが、これに関しては次項で述べることにする。公選法の時代遅れに関する部分は多い。たとえば、インターネットだけでなく、集会の会場でパワーポイントなどを使って、政策や写真を表示することも違反となる。これは、選挙期間中は、決められた場所にしか候補者のポスターを掲示することは許されず、さらに、決められたビラしか配布できないからだ。公選法ができた時には、当然プロジェクターもパワーポイントもない。集会で自分の政策を述べたくとも、パワーポイントを使ったり、政策集のような資料を配布することはできないのだ。

または、事務所に関する記述も多い。事務所に掲示する提灯に関しても決められている。現在の選挙では、事務所に提灯を掲示する候補者などほぼ皆無だと思われるが、55年前に作られた時には、普通に事務所に提灯が掲げられていた。

現在でも、このような公職選挙法にのっとって選挙が行われている。極端に時代にそぐわない部分を手直ししているとはいえ、そろそろ根本的に見直しが必要であることには間違いない。

② インターネット選挙の動き

2-1：新党さきがけの問い

　1996 年、新党さきがけは、自治省（当時）に対し、政策調査会長の水野誠一氏名義で、インターネットの選挙活動利用に関する質問書を提出した。自治省は、まず「文書図画」の定義として「公職選挙法の「文書図画」とは、文字若しくはこれに代わるべき符号又は象形を用いて物体の上に多少永続的に記載された意識の表示をいい、スライド、映画、ネオンサイン等もすべて含まれます。したがって、パソコンのディスプレーに表示された文字等は、公職選挙法の「文書図画」に当たります。」（自治省行政局選挙部選挙課）と答えている。

　この見解が現在（2010 年）においてもインターネットを使用した選挙運動に制限を設ける原因となっているのである。ここでは、「お金のかからない選挙」を目指した公職選挙法の理念は問題にされず、法解釈のみの見解が示された。パソコンのディスプレイ、映画、スライド、ネオンサイン等がすべて一緒くたにされ「文書図画」と認識されることに対し、国会内でも異論が出されていたが、総務省のこの判断のために、10 年以上にわたって公選法は変えられずにきた。

2-2：民主党と自民党の闘い

　民主党は積極的に法改正に向けた案を出し続けた。1998 年 6 月、「ネット選挙解禁を盛り込んだ公職選挙法の一部を改正する法律案」が提出された後、法案として 2 度提出されたが、そのつど自民党と公明党の反対にあって法案が審議されることはなかった。自民党は、「インターネットが解禁されるとわが党にとって不利になる」という理由から、ネット解禁には反対し続けた。

　しかし、2005 年の総選挙（郵政選挙）で状況は一変した。インターネット上では小泉首相が大きな支持を集め、自民党が大勝したからである。この時、自民党幹事長代理だった世耕弘成参議院議員は、自民党の選挙広報戦略を担当した。世耕氏は、選挙期間中にメルマガの発行者とブロガーを対象にした懇談会を行った。自民党がメルマガ発行者とブロガーのなかから人選し、党本部に招いて、

安倍晋三幹事長と懇談するというものだった。参加者には自民党総裁室で椅子に座ることができるという特典までついた。今までインターネットに後ろ向きだった自民党が、突然ネットユーザーに門戸を開いたということで、インターネット上では大きな話題となった。

　さらに、公示翌日には、自民党が「民主党は選挙期間中に党のホームページを更新している」と総務省に異議を申し立てた。これには民主党も反論したが、民主党が公選法違反をしているというイメージを植えつけるには十分であった。投票日前日には、「自民党は公選法改正、インターネット解禁に取り組みます」と発表し、ネット上では好意的に受け取られた。結果としていまだに解禁に至っていないが、約束通り世耕議員は勉強会を立ち上げて改正案の発表までこぎつけている。

　この総選挙において、民主党はやられっぱなしであった。この時の自民党は、インターネットだけでなく、テレビ、新聞、雑誌と、あらゆるメディアを使って、小泉首相のアピールを行い、それはことごとく成功した。これには、小泉首相の人気を理由とする見方もあるが、小泉首相は決して選挙に強くはなく、任期中に大勝したのはこの総選挙だけだった。この時は、世耕議員率いる自民党の広報チームが見事にマスコミを思い通りに動かし、国民を動かした。マスコミはこの時の報道姿勢を反省し、その後の選挙では若干慎重になったものの、小沢一郎元民主党幹事長への強烈なバッシングを見るかぎり、「公平・公正に、冷静に真実を伝える」といった本来の役割とはかけ離れたことをやっていると考えざるをえない。

　インターネット上では、この頃から自民党の支持が民主党の支持を上回ることが多々あり、いわゆる「ネットウヨク」の存在が、ネット上での民主党バッシングの原動力となっている。その後、安倍晋三首相や麻生太郎首相がインターネット上で人気が高かったために、自民党では積極的にネットを使ったアピールが行われてきたが、その中心となっていたのは、「ネットウヨク」や「アニメオタク」といわれていた人たちであった。とくにアニメオタクによる麻生氏への支持は大きかった。麻生氏が「ローゼンメイデン」というアニメのファン

であると報道されてから、麻生氏のことを「ローゼン閣下」と呼び支持するアニメファンが活発に活動した。麻生氏が秋葉原で街宣すると、支持者がプラカードを持って集まり、「アソウ！　アソウ！」と麻生コールが発生した。自民党総裁選挙の時には、インターネットで呼びかけあった支持者たちが党本部の前に集まって麻生氏にエールを贈る光景もみられた。このスタイルは、その後も続き、今年の民主党代表選挙での小沢氏支持も同様の傾向がみられた。

　小沢氏の場合は、麻生氏とは支持層が異なる。麻生氏の支持は、明らかにアニメファンを中心とするネットユーザーであったが、小沢氏の支持者の多くは、マスコミや検察に不信感や嫌悪感をもつ人たちや、ドラスティックな改革を望む人たちであったようだ。USTREAM での演説会やニコニコ動画に小沢氏が出演した時に寄せられた過剰ともいえる声援コメントを見ると、「マスコミの世論調査は嘘っぱちだ」「ネットでは圧倒的に小沢さんが支持されている。これが世論だ」といった内容の書き込みも多くみられた。

　2010 年の民主党の代表選挙は、マスコミや検察の捜査に不信感をもつ人たちの声が拡声されてネット上を伝わったといえる。これは明らかにマスコミによる世論調査と異なる範囲の声ではあったが、「民意」ではなかった。

2-3：与党自民党の抵抗勢力

　2005 年の郵政選挙で自民党が大勝したあと、自民党は 13 回にわたり、インターネット使用を可能とするための公選法改正勉強会を行い、筆者も 2 回ゲストスピーカーとして呼ばれた。そこでは、インターネットと政治の専門家の立場から現状や問題点、解決の手法などを述べたが、同じくゲストスピーカーとして来ていた法律の専門家は、インターネットを解禁することの危険さを主張していた。

　自民党内部には、世耕議員のようにインターネット解禁に向けて積極的に動く議員がいる反面、「自分の選挙に不利になるから」といった理由で、とにかく反対する議員もいた。反対派の多くは党内でも主要な地位にいて、悪いことに公選法改正のための調査会のトップすらインターネット解禁に反対だったため

に、いくら勉強会で議論を進めて、改正案にこぎつけても、担当者みずからが潰すような状況だった。その後、もっとも反対していた議員は、党を離れたり、選挙で落選したりして、現在は民主党よりも自由に議論できる状況となっている。

2-4：政権交代後の動き

2009年総選挙において、政権交代が起きた。これで、今までの利権中心の政治から、国民の民意を大切にする政治に変わるだろうと期待された。公選法改正に関しても、今まで積極的に進めてきた民主党が、最初の臨時国会もしくは2010年の通常国会で公選法改正案を国会で通すだろうと思われた。

ところが、臨時国会が終わり、通常国会が進んでいっても、いっこうに公選法改正が進む動きは始まらなかった。数人の民主党議員に聞いたところ、「ほかに重要案件がたくさんあるので、あと回しになるだろう」とのことであった。参院選の動きが表面的になってきた2010年4月、世耕弘成議員が筆者が主宰するインターネットラジオ番組『大人の事情』に出演し、「インターネット解禁はやります。自民党は今国会中に改正案を出しますよ」と約束した。その通り、自民党は国会に改正案を提出する準備を進めていた。これを受けて、政権交代後に及び腰だった民主党でも、突如公選法改正に向けた動きが始まった。しかし、民主党内では自民党が主張する「完全なる解禁」ではなく、Eメールを使用した選挙運動は禁止。Twitterはガイドラインによる「自粛」を主張する声が多かった。

議会閉会の期限が迫るなか、自民党と民主党が主体になり、なんとか与野党合意までこぎつけた。その概要は、「候補者とその所属政党に限り、選挙期間中のインターネットを使った選挙運動を認める。ウェブサイトの更新はできるが、Eメールを使った投票依頼はできない。また、ガイドラインを作成し、ツイッターは自粛する」というものであった。有権者にとっては、候補者の主張や動きがみられるようになるが、有権者がインターネットで選挙活動を行うことは認められなかった。

これはグレーな部分が多いものの、一歩前進かと思われた。ところが、参議

院から提出されるはずだった法案が、会期を数日残しただけで、大荒れしている衆議院に突如まわされ、審議入りが止まっているうちに鳩山首相が辞任してしまい、国会は事実上閉会。与野党合意まで取りつけた公選法改正案は、またもや日の目をみることなくインターネット解禁は夢と消えたのである。

③ インターネット解禁後の民意集約

3-1：2010年民主党代表選でのインターネット選挙

　2010年中の公選法改正は絶望的になったが、今後を占う上でひとつ面白い試みがあった。それは9月の前半に行われた民主党代表選挙だった。現代表（2011年8月25日現在）の菅直人氏と、元幹事長の小沢一郎氏の一騎打ちとなったこの選挙は、異例づくしでもあった。

　マスコミは総じて小沢氏の「政治と金」の問題を取り上げて、まるで犯罪者が選挙に出るかのような感情的な報道を続けた。朝日新聞などは、小沢氏が立候補を表明した時の社説で「あいた口がふさがらない」とあからさまに批判を行った。

　「政治と金」に関しては、検察が不起訴とした時点で「推定無罪」の原則にのっとれば小沢氏は真っ白でなくても、少なくとも「黒ではない」ということであり、「グレーだから疑う」というマスコミの姿勢は、インターネット上では多くの反感を買った。かろうじて、記者クラブと検察批判を続ける週刊朝日と、小沢支持の一方的な記事を掲載し続ける日刊ゲンダイぐらいが、小沢氏に好意的な記事を載せていた。

　マスコミが世論調査を行うたびに、「菅氏が優勢」という結果が出たため、わざわざ「政治と金」が問題であるかのように設問を作っているのではないか、とネット上の小沢支持者は憤り、USTREAMやニコニコ動画のコメントは過激さを増していった。これを見て、小沢陣営のウェブ担当者は、ニコニコ動画に小沢氏を生出演させたり、テレビ等のメディアへも積極的に小沢氏を出演させ、露出を図った。これは一定の効果を生んだ。小沢氏の演説の旨さと「覚悟」が

インターネット上での支持拡大につながり、マスコミの世論調査も「小沢氏激しく追い上げる」といった見出しが目立つようになった。しかし、小沢氏の目立ったウェブ戦略はこれくらいであり、本人を前面に出すということは「小沢氏しか見えない」ということにつながった。

　片や菅陣営は、これとは別の方法をとった。インターネット上で生の菅氏を出すのは、党主催の合同演説会程度にして、短くまとめた映像を YouTube 上にいくつも用意した。最初に国民向けに撮った映像以外は、合同演説や決起集会での演説を編集してくり返し見られるようにした。また大きな方針として、菅氏以外の議員を多く出すことにより、「チーム」であることを主張した。これは、一対一では小沢氏の迫力や演説の旨さに負けてしまうために考えた手法だが、それに加えて、政権は首相ひとりで担っていくわけではなく、チームプレーが必要であるという考えに基づいたものであった。決起集会での応援映像や、支援する議員のウェブサイトから引用した応援メッセージなどを掲載し、さらに支持を表明した国会議員の顔写真一覧を掲載した。

　最終的には 140 人ほどの一覧表になったわけだが、これにはいくつかの効果が期待された。ひとつは、ここに顔写真を掲載することで、相手陣営からの切り崩しを行い難くさせるという効果。そして公に表明してしまった議員は、腹をくくって支援せざるをえない。推薦人と一部しか顔の見えない小沢選対への強烈なアタックになった。また、地元の有権者が議員に対し、「うちの先生は菅さん支持じゃないのか？」とプレッシャーを与えるきっかけにもなった。同様に、地方議員に関しては自分で登録してもらい、氏名と議会名を一覧で表示させた。これも同様に名前を出すことにより、腹をくくって菅氏を支持する効果を見越した。議員からすると、名前を出すことは、菅氏が勝てば問題ないのだが、もし小沢氏が勝った場合、粛清人事などで不利になるリスクがある。投票は無記名で行われるため、リスクを最小限にとどめておきたければ、何も表明しない方がよい。しかし、政治家として態度あやふやなまま選挙に臨むと有権者から政治家としての資質と覚悟を問われてしまう。相当厳しい「踏み絵」であったことは間違いないが、多くの議員が名前や顔を出して支持を表明したこ

とで、菅陣営は日増しに盛り上がり、小沢陣営は動きが国民から見えないために、悪い噂を立てられたり、週刊誌によるゴシップ記事に対しても、有効的な対応策をとることができなかった。

　小沢氏は、幹事長時代から記者会見をオープンにしてきた。政治資金報告書も国会議員のなかでもっともオープンであると自負してきたが、代表選での闘いは、小沢氏のみがオープンであり、選対はクローズドにみえたために、菅陣営のオープンさが際立ち、菅氏の「クリーン」というキャッチコピーが映えるような状況となっていた。

　菅陣営はほかにもいくつか目新しい手法を使ったが、もっとも目立ったのは「日替わりバナー」であった。これは、菅氏が弱いとされた政策のアピールを補助するために考えられたもので、あるコードを自分のブログやサイトに埋め込むと、毎日表示されるバナーが替わるというしかけだった。しかも、「雇用雇用雇用.jp」「クリーンな政治.jp」など、バナーで使った日本語ドメインも実際に取得し、ドメインのドット「.」が民主党のロゴマークになっているという凝りようだった。

　小沢陣営は、支持の高かったネットユーザーを主体に考えていたが、それらは票にはつながらず、逆にネットの特異性を強調するだけの効果しかなかった。菅陣営は最初から支持の低いネットユーザーは対象とせず、実際に投票する地方議員や国会議員を主な対象にした。党員・サポーターはマスコミの影響を多く受けるだろうということで、ネット戦略としては、政策の説明、菅氏のビデオや写真集など、月並みではあるがやるべきことをきっちりとやった。

3-2：ソーシャルメディアの活用

　小沢陣営で積極的に使用されたUSTREAM、ニコニコ動画、Twitterは、「ソーシャルメディア」と呼ばれる。一方的な情報発信ではなく、発信側と受け手側でやりとりし、関係を作り維持していくという新しい形のコミュニケーション手段だ。

　代表選においては、ソーシャルメディアが結果に大きく影響するということ

はなかったが、可能性が低いということではない。とくにインターネット解禁になると、強力な武器にもなれば、場合によっては足元をすくわれかねない。まさに諸刃の剣となる可能性が高い。それだけに、メリット・デメリットを理解した上で効果的に使っていく知恵と技術が要求される。

　ソーシャルメディアは、送り手側と受け手側でダイレクトに情報のやりとりを行うため、効果的に使うと「民意の集約」に使用できる可能性がある。すでにTwitterのツイート（つぶやき）を解析し、支持・不支持やパーソナルデータを類推するソフトウェアも登場している。

　民主党代表選ではインターネットアンケートが実際の選挙結果と逆に出てしまったが、マスコミの世論調査も極端だった。マスコミの世論調査（多くはランダムに抽出された有権者への電話調査：RDD方式）では、菅氏と小沢氏の支持率がおおよそ7：3であり、選挙期間中に行ったYahoo!「みんなの政治」のアンケート「政治投票」では、小沢一郎氏と菅直人氏のどちらに投票するかという設問で、小沢氏が64％で菅氏が24％という結果が出た。これはマスコミによる世論調査とまったく異なる結果であった。しかし、実際の得票割合では菅氏と小沢氏が6：4だったため、結果だけ見るとマスコミの調査結果を、ネット調査結果で若干バイアスをかけた値が、選挙結果になるともいえる。ただしこれは今回の結果に限ったことであり、別の選挙の場合もなんらかの規則性があるのかないのか調査・分析が望まれる。

3-3：大切なのは有権者のリテラシー

　ソーシャルメディアに現れるコメントを見ていると、「マスコミは嘘をついている」「検察の捜査はおかしい」といったステレオタイプな意見が少なくない。「マスゴミ」というマスコミの蔑称も、それをよく表している。

　しかし、ネット上で話題になることの多くは、マスコミの記事やニュースをソースとしている。例としてひとつあげると、2010年6月、民主党の複数人の事務所費問題が産経新聞に掲載された。このなかの蓮舫参議院議員の事務所費に関しては、それよりも前に週刊ポストに一度だけ掲載され、問題ないことが

判明していたにもかかわらず、新聞に掲載されたことで、蓮舫氏の Twitter には多くの批判が寄せられた。ほかにも「大臣が芸名だというのは許せない」「国旗に一礼しなかった」といった、ほとんど言いがかりとしかいえないようなものもこの時期多かった。

　2005 年の郵政選挙、マスコミが揃って自民党広報戦略に乗ってしまった時は、Twitter も USTREAM もなく、まだソーシャルメディアは影響力をもたなかった。Twitter と USTREAM が登場したのは 2007 年だ。ソーシャルメディアを使ったコミュニケーションに重要なのは、使う側のリテラシーだ。Twitter には「自浄能力がある」といわれる。著名人のなりすましが出てきても、1 日以内に真偽が判明する。またニュースサイトが誤報を出した時やデマが流れ始めた時も、早ければ数十分、遅くても 1 日程度でその情報が正確かどうかわかる。

　2010 年前半までは、Twitter や携帯メールでのデマの流布により、事件が起こったこともあったが、携帯メールはともかく、Twitter ではそのような事件は皆無になっていくだろう。Twitter が、今後もコミュニケーションツールとして残っていくかどうかは断定できない。ほかにも日本で老舗の mixi や世界で 5 億人を突破したといわれる（2010 年 9 月現在）Facebook など、多くのサービスがわれわれの目の前に登場しては消えていく。

　いくら新しいインターネット・サービスが登場しても、使う側にコミュニケーション能力と情報を読み解く力（リテラシー）がないと、それはいずれトラブルを生み、秘めた可能性を開花させることなく収束していく。民意を集約し、民主主義を発展させていくのは、インターネットではなく、市民のコミュニケーション能力と情報リテラシーなのだ。

（高橋　茂）

【参 考 文 献】

木佐芳男，2001，『田中康夫戦いの手の内』情報センター出版局.
高橋茂，2009，『電網参謀』第一書林.
津田大介，2009，『Twitter 社会論』洋泉社.

ネットコミュニケーションが作り出す新しい社会関係資本

0 はじめに

　人々の間の信頼関係や人間関係、ネットワークを、社会やコミュニティ、あるいは個人が利用できる価値と考え、それを社会関係資本（ソーシャルキャピタル）と呼ぶ考え方がある。この概念は欧米では100年ほど前から存在したが、社会科学において本格的に注目されるようになったのは、フランスの社会学者ピエール・ブルデュー（Bourdieu, P.）、アメリカの社会学者ジェームズ・サミュエル・コールマン（Coleman, J. S.）、アメリカの政治学者ロバート・パットナム（Putnam, R.）らが取り上げてからである（Putnam 2000＝2006）。今日では社会科学においてもっとも注目されているトピックの一つとなっている。本章では、この社会関係資本とネットコミュニケーションのかかわりについて見ていく。

1 社会関係資本という考え方

　パットナムは社会関係資本の基本的な考え方として「社会ネットワーク」、「信頼」、そしてもらった援助にはお返しすべきだという「互酬性の規範」という3つの形態を示した。さらに、「人は基本的に信頼できるものだ」という「一般的信頼」と、「人を援助したら、いつか自分も他の人から援助されるだろう」という「一般的互酬性」が社会関係資本にとって重要であると説いた。一般的信頼が高い人は、出会った人に対して信頼できる人だという前提のもとにふるまうため、相手に対しても協力的行動をとらせやすくなる。このような一般的信頼が社会全体に行き渡れば、法や社会規範による懲罰や監視がなくても社会のセキュリティを保ちやすくなると考えられる。また、一般的互酬性が高い人は直

接的な見返りを求めずにボランタリーな援助を行うことにより、将来自分が困った時には誰かが助けてくれるという期待をいだくため、その意味で、一般的互酬性は一般的信頼の基礎となる。

　一方ギッテルとヴィダルは、社会関係資本には「橋渡し型」（包含型）、「結束型」（排他型）との2つのタイプがあると論じた（Gittell & Vidal 1998）。結束型の社会関係資本は内向きの指向をもち、排他的なアイデンティティと等質な集団を強化し、橋渡し型の社会関係資本は外向きで、さまざまな社会的亀裂をまたいで人々を包含するネットワークである。パットナムは民主主義の円滑な運営には橋渡し型の社会関係資本が重要であると論じた。なぜなら、異質な他者との相互作用こそが民主主義、とりわけ熟議民主主義の必須の基礎であるからである。橋渡し型の社会関係資本は異質な他者との意見交換を促し、とくに少数意見を許容し、多様な視点を比較検討することにより、質の高い意思決定を可能にする。

　このように、社会関係資本には、多くの研究者がさまざまな定義を与えているが、本章では、日本でインターネットと社会資本の関連性を初期に実証的に論じた宮田加久子に従い、「信頼や互酬性の規範が成り立っている網の目状の社会ネットワークとそこに埋め込まれた社会的資源」と定義する（宮田 2005：22）。

　さて、ネットコミュニケーションと社会関係資本にはどのような関係があるだろうか。ネット上で形成された社会関係資本は現実世界に反映されるだろうか。また、インターネットなどによるコミュニケーションの流通は市民参加を促進し、民主主義の発展に寄与することができるだろうか。これらの疑問が、本章のテーマである。

② 社会ネットワーク

　ネット上での人々のコミュニケーションがどのようなネットワークを作るかを考える前に、まず現実社会でのネットワークについて考えてみよう。

　私たち一人ひとりは、さまざまな関係のなかで生活している。たとえば血縁、

地縁によるつながりや、職場、学校、サークルなど数多くの組織に所属し、そのなかで無数の関係を結んでいる。そのような人や組織のつながり方に注目するのがネットワーク（社会ネットワーク）という考え方であり、他者とのつながりを形成するプロセスをネットワーキングと呼ぶ。ネットワークとは、いわば「関係の織物」である。社会を、人や組織のさまざまな関係の集合とみて、個人や組織の個々の特性よりも他の個人や組織との関係や結びつきに着目する、ネットワーク的思考は 1950 年代から主に米国で研究され、1978 年には *Social Networks* という学術雑誌も創刊され、社会ネットワークの核としての市民団体（営利を追求しないという側面を強調して非営利組織（NPO）、政府から独立しているという側面を強調して非政府組織（NGO などといわれる））についての研究や実践がなされるようになった。

日本においても、リップナック、スタンプス夫妻の先駆的な著作『ネットワーキング』の邦訳が 1984 年に出版されるのと前後して同様の動きが始まり、仙台、神奈川などいくつかの地域や全国的な規模で市民団体のネットワークを紹介する書籍なども次々に出版された。

次の 2 つの節で、社会ネットワークの典型的な例として、市民団体（NPO、NGO）のネットワークのグローバル化と情報化の側面についてみていく。

ネットワークのグローバル化

1980 年代以降の市場経済やマスメディアのグローバル化が市民社会のグローバル化につながり、グローバル市民社会の台頭に結びついた。私たちが毎日食べたり、使用している商品の多くは海外で生産されたものであり、国内企業も安い労働力を求めて海外に進出したり、移住労働者を活用する。今や国内の問題は必然的に国際的な問題につながっているのである。それは市民活動においても例外ではない。

市民活動は課題の根源にある制度や構造に目を向ける結果、各国政府や国際機関と協力や交渉をする必要が生じ、NGO 同士の連携のみならず、国際政治の

アクターとして国境を越えて国際機関、政府、産業界との協働が求められるようになってきた。昨今 NGO のネットワークの形成はさまざまな分野でみられる。もちろん、個々の NGO が政府の政策に影響を与えることは非常に難しい。しかし特定の分野で NGO 間のネットワークが形成されることで強い影響力をもつことができるのである。

　国際関係論の規範的アプローチの代表的研究者リチャード・フォークはグローバル市場の力を「上からのグローバル化」、それに並行して市民社会が国境を越えて結びつき、その合意をグローバル化しようとする動きやグローバル・ガバナンスを「下からのグローバル化」と呼んだ。この「下からのグローバル化」は「上からのグローバル化」のネガティブな側面を変容させる役割を果たしてきたとする。世界的な市民間の連帯は、社会形成において大きな役割をもちうるのである。

　しかし、地球サミット以降、先進国（北）と途上国（南）の NGO の間で対等な議論がなされたり、南の NGO の参加が増えてきているが、南北のバランスはまだ十分とはいえない。2003 年と 2005 年に開催された世界情報社会サミット（WSIS）においても、市民社会参加者の分布を見ると、人口比で 14％ に満たない先進国からの参加者が参加者全体の 59％ を占めていた（ちなみに政府代表の参加者で先進国の占めた割合は 22％、産業界の参加者で先進国の占めた割合は 75％ であった）。これは国際 NGO のほとんどが先進国に集中するという「NGO の南北問題」を如実に反映している。その結果として、先進国の NGO の優先傾向に添った形でグローバルな社会運動が形成されるという問題点を、多くの論者が指摘している（Spivak 1999, Rothman and Oliver 2002, 樋口・稲葉 2004）。

　また、NGO の国際的なネットワーク活動や NGO と国家の相互作用は国家による制限も多く、グローバル市民社会が完全に形成されたとはいえない状況である。こうした状況を鑑みると、社会ネットワークの核としての市民社会をさらに健全に機能させていくには、もう一つ、あらたな要素が必要となってくるだろう。それが情報化という考え方である。

情報化とネットワーキング

　日本では1990年代の後半から多くのNPOがインターネットを活用するようになり、多くのNPOの活動分野でインターネットを活用した全国ネットワークが形成された。従来はそれぞれの地域の個別の課題と思われていたものが、インターネットを通じた情報交換により、全国共通の課題ととらえられるようになった。

　国際的な活動になると情報コミュニケーション技術（ICT）の果たす役割はますます大きくなる。国連の世界会議などのグローバル・ガバナンスの場におけるNGOの活動に、ICTはなくてはならない道具となっている。地球温暖化の問題に取り組む気候行動ネットワークや、地雷禁止国際キャンペーン、Jubilee2000（債務帳消しキャンペーン）などのNGOネットワークの活動で、インターネットを活用した情報交換、キャンペーンが大きな役割を果たしていることはよく知られている。情報ネットワークを活用した、グローバル・ガバナンスに関わる市民活動の代表的な成果としては、上記を含め、以下のものがあげられる（[　]内は中心的な役割を果たしたNGOネットワーク）。

・気候変動枠組み条約（1992）、ベルリン・マンデート（1995）、京都議定書（1997）

　　［Climate Action Network（CAN、気候行動ネットワーク）］

・多国間投資協定（MAI）反対キャンペーン（1998締結阻止）

・対人地雷全面禁止条約（1997署名、1999発効）

　　［International Campaign to Ban Landmines（ICBL、地雷禁止国際キャンペーン）］

・Jubilee2000（債務帳消しキャンペーン）（1990-2000）

・国際刑事裁判所（1998設立規程採択、2002発効）

　　［Coalition for the International Criminal Court（CICC、国際刑事裁判所を求めるNGO連合）］

また、2001年から毎年、グローバリゼーションが世界にもたらす影響と問題

を民衆の立場から考える国際運動として世界社会フォーラム（WSF）が開催されており、世界中の NGO・NPO・社会運動・民衆運動から数万〜十数万人規模の参加者を集めている。WSF は、インターネットをフルに活用して世界の社会運動を結んでいる。今日、インターネットの存在なしに社会ネットワークの形成を論じることは難しいといってよいだろう。

 ## ネットコミュニティ

　ではインターネットは具体的にどのような仕組みで人々を結びつけるのであろうか。

　インターネットは 1969 年に米国の 4 つの大学と研究所を結ぶ実験的なネットワークとして始まり、その後多くの研究者、利用者を集め世界中に普及した。今やインターネットは私たちの生活に浸透し、ネットコミュニティ（オンラインコミュニティ、インターネットコミュニティなどとも言われる）も数多く作られている。現実世界と仮想世界の交錯だけでなく、ネットコミュニティも重層化し、複雑なネットワークを形成している。ネットコミュニティはネット上に成立するコミュニティであり、電子掲示板、メーリングリスト、チャットなどのシステムを媒介として多くの利用者をつないでいる。近年、ソーシャルネットワーキングサービス（SNS）やミニブログ（マイクロブログともいう）などの新しいソーシャルメディア（一般の利用者が情報を作り出し、発信していくメディア）が注目を浴び、急速に利用者を集めている。代表的なサービスとして、日本国内の SNS では mixi（ミクシィ）、世界規模の多言語の SNS として Facebook、世界規模の多言語のミニブログ（microblog）として Twitter（ツイッター）がある。

　SNS の特徴は、(1) 個人ページをもつこと、(2) 掲示板等の情報交流の仕組みがあること、(3) 人間関係によって情報の開示格差があることである。3 つ目の情報の開示格差は従来のネット・コミュニティと大きく異なる点である。

　ミニブログも SNS と同様の特徴をもつが、投稿内容が短い文章であるため、ほぼリアルタイムなコミュニケーションを可能にし、インターネット全体に開

かれたチャット空間を提供する。また多くはパソコンだけでなく携帯電話からも利用可能である。このように、インターネット上には、すでに多くの市民が社会的ネットワークを形成していく上で必要なツールが整備されていると考えてもよいだろう。

⑥　ネットと社会参加、政治参加

さて、このようなインターネット上のサービスは社会参加、政治参加を促進するだろうか。たとえば先にあげた SNS における情報の開示格差や、加入にメンバーの紹介が必要だったり友だちリストへの登録に承認が必要であることは、橋渡し型の社会関係資本の生成を阻害する可能性がある。つまり異質な他者との出会いの可能性を低めたり、コミュニティの同質性が高まることにより異質な他者への寛容性が低下するという危険性が増大するのである。

ネットと社会参加に関する初期の研究では、ネット利用が対面コミュニケーションを阻害し、社会的にマイナスの効果をもつという言説が多く見られたが、近年はプラスの効果をもつという結果が増えてきた。これはインターネットが広く普及し、オフラインでつきあいのある人々の多くとオンラインでも交流できるようになったことが影響していると考えられる。

小林哲郎と池田謙一は、インターネットユーザ調査のパネルデータ（同一人物に対して間隔をおいた複数回の調査データで、因果的関係の確認に不可欠のデータ）を用いて分析した（小林・池田 2005）。下にその結果概要を要約して示す。

(1) オンライン上における一般的互酬性と一般的信頼感は、インターネットの集合的利用によって醸成される。

(2) オンラインにおける一般的互酬性と一般的信頼感は、オンラインにおける社会参加・政治参加を促進する。

(3) オンラインにおける一般的互酬性がオフラインの社会参加・政治参加にプラスの効果をもたらす一方、オンラインにおける一般的信頼感はオフラインの社会参加・政治参加にプラスの効果をもたらさない。

（1）において、集合的なインターネット利用がオンライン上の社会関係資本を醸成することがわかった。また、オフラインで活動しているグループでインターネットを利用することも、オンライン上の社会関係資本に対してプラスの効果をもっていた。

　次に、（2）において、オンライン上の社会関係資本は、オンライン上の社会参加・政治参加を強く規定していた。とくにオンライン上の一般的互酬性は、オフラインの社会関係資本の効果を差し引いてもなお、市民ネット討論会への参加意向やネットコミュニティへの実際の加入に対して強いプラスの効果をもち、オンライン上の一般的信頼感もネットコミュニティへの加入に対してプラスの効果をもっていた。小林と池田は、「インターネットを議論の場として社会的に機能させるには単にアクセスについてのデジタル・デバイドを解消するだけでなく、いかにオンライン上の社会関係資本を醸成するかという視点をもつことが肝要である」と述べている。

　また、（3）において、オンライン上の社会関係資本の指標として用いた一般的信頼感と一般的互酬性は、社会参加および政治参加に対してやや異なる効果を示した。たとえばオンライン上の一般的互酬性が市民討論会への参加意向にプラスの効果をもつのに対して、オンライン上の一般的信頼感は効果をもたなかった。これは、ネット上で出会う人や情報の信頼性を判断する材料が少ない一方、ネットコミュニティ内での相互的なサポートのような互酬的な行為は目につきやすいということが理由として考えられる。

❼　ネットコミュニケーションと社会関係資本の課題

　インターネットは情報資源へのアクセスにおいて比較的平等な機会を与えているといえる。低コストのアクセスが世界中の多くの人々に提供され、そこから無尽蔵といえる情報が得られる。情報経路も複数の選択肢が用意され、権力も分散することになる。インターネットは、経済的な富だけではなく、人々や組織の間に新しい関係を作り出した、言い換えれば社会関係資本の画期的な増

大をもたらした。

　しかしながら、この時代にあっても、インターネットは万能ではないことを認識する必要がある。まずデジタルデバイドの問題がある。デジタルデバイドはICTの活用機会、活用能力の有無により社会的、経済的格差が広がるという問題である。国内においては富裕層と貧困層の格差であったり、野宿者や移民等の社会的弱者に関わる現代の不平等の一側面として表れている。

　グローバルなレベルでは、たとえば2008年現在、先進国のインターネット普及率が70％ほどであるのに対して、途上国では15％、とくにサハラ以南のアフリカではわずか6％である（United Nations, ,2010）。日本のような先進国では当たり前のように使われているブロードバンドは、途上国では首都などの大都市圏でしか提供されておらず、しかも庶民には手の届かないサービスであることを認識する必要がある。またインターネットへのアクセスや情報の内容を政府が管理する国もある。インターネット上に有益なコンテンツが集積され、可能性を広げる道具となればなるほど、そこから取り残された人々の存在を考える必要がある。

　1970年代から1980年代にかけて、ユネスコを中心に新世界情報コミュニケーション秩序（NWICO）として知られる、情報の生産と普及の地球規模の格差を扱った会議が開かれた。先進国と途上国の間のICTの不均衡の問題が検討されたり、マスメディアを通じた国際的情報流通の不均衡の現状とあるべき姿を示したものであるが、この時点で示された先進国と途上国の間の情報格差は現在もまったく解消されていない。これら国内外のデジタルデバイドが、社会関係資本の形成や活用の格差となって表れ、市民の社会参加が民主主義の成熟度の差を拡げていくことが懸念される。

　また、ICTは世界全体を単一の市場とすることを可能にする結果、さまざまな情報をいち早く入手し分析することが容易な世界的な企業はますます有利になり、逆にそのような情報を得られない零細な生産者などはますます不利な条件を押しつけられる。しかし、別の見方をすれば、ICTはこれまでの流通経路やしくみを通り越して生産者と消費者を直接結びつけることができる。いわゆ

る P2P（利用者同士を直接つないで相互に情報を交換するシステム）の活用により、弱い立場の個人や組織の自立を促すこともできるのである。

さて、社会関係資本が反社会的な目的にも利用されうるのは、ほかのあらゆる資本と同じである。またとくに結束型社会関係資本は集団への同調圧力が高まるので、他者の排除やただ乗りなどの危険性がある。ネットコミュニティも橋渡し型の社会関係資本の形成を目指すことが多いが、運営のしかたによっては結束型となり、負の側面が表れることがある。

以上のように社会関係資本は良い方向に活用することもできるし、また逆に悪い方向に活用することもできる。それは私たちがどのような社会を望むか、またそのために一人ひとりがどのように行動するかにかかっている。ネットコミュニケーションの醍醐味を味わいながら、私たちが自らの可能性を広げるため、また私たちがつながり、より望ましい社会の実現に向けた行動のネットワークを作るための社会関係資本を醸成していきたいものである。

（浜田　忠久）

【参 考 文 献】

Carey, James W. & John J. Quirk, 1970, "The Myth of the Electronic Revolution," *The American Scholar*, 39(2). Reprinted in Carey, James W., 2009, *Communication as Culture：Essays on Media and Society, Revised Edition*, New York：Routledge, 87-108.

Fischer, Claude S., 1992, *America Calling：A Social History of The Telephone to 1940*, University of California Press.（＝2000, 吉見俊哉, 松田美佐, 片岡みい子訳『電話するアメリカ──テレフォンネットワークの社会史』NTT 出版.）

Gittell, Ross J. & Avis Vidal, 1998, *Community Organizing：Building Social Capital as a Development Strategy*, Thousand Oaks: Sage.

浜田忠久・小野田美都江，2003，『インターネットと市民──NPO/NGO の時代に向けて』丸善.

樋口直人・稲葉奈々子，2004，「グローバル化と社会運動」曽良中清司・長谷川公一・町村敬志・樋口直人（編著）『社会運動という公共空間──理論と方法のフロンティア』成文堂.

インターネット協会，2010，『インターネット白書2010』インプレスジャパン.

宮川公男, 大守隆編, 2004, 『ソーシャル・キャピタル——現代経済社会のガバナンスの基礎』東洋経済新報社.

宮田加久子, 2005, 『きずなをつなぐメディア——ネット時代の社会関係資本』NTT 出版.

Putnam, Robert D., 2000, *Bowling Alone*：*the Collapse and Revival of American Community*, New York：Simon & Schuster.（＝2006, 柴内康文訳『孤独なボウリング——米国コミュニティの崩壊と再生』柏書房.）

Rothman, Franklin Daniel and Pamela E. Oliver, 2002, "From Local to Global：The Anti-Dam Movement in Southern Brazil 1979-1992", Jackie Smith, Hank Johnston. eds., *Globalization and Resistance*：*Transnational Dimensions of Social Movements,* Lanham, MD：Rowman & Little field, 115-32.

総務省, 2010, 「平成 21 年度通信利用動向調査（世帯編）」総務省ホームページ（2010 年 9 月 20 日取得, http://www.soumu.go.jp/johotsusintokei/statistics/pdf/HR200900_001.pdf）.

Spivak, Gayatri Chakravorty, 1999, *A Critique of Postcolonial Reason*：*Toward a History of the Vanishing Present*, Cambridge：Harvard University Press.（＝2003, 上村忠男・本橋哲也訳『ポストコロニアル理性批判——消え去りゆく現在の歴史のために』月曜社.）

United Nations, 2010, *The Millennium Development Goals Report 2010*, United Nations.

執筆者紹介 (執筆順)

粉川　一郎（こがわ　いちろう）（編者、第 1・4 章）
武蔵大学社会学部メディア社会学科教授
主要業績：『社会を変える NPO 評価 NPO の次のステップづくり』北樹出版 2011 年、『現代地域メディア論』共著 日本評論社 2007 年

江上　節子（えがみ　せつこ）（編者、第 2 章）
武蔵大学社会学部メディア社会学科教授
主要業績：『リーダーシップの未来—男性のリーダー・女性のリーダー』同友館 1998 年、『デジタル時代の広報戦略』共著、早稲田大学出版部 2002 年

松本　恭幸（まつもと　やすゆき）（第 3 章）
武蔵大学社会学部メディア社会学科教授
主要業績：「市民メディアの可能性」『世界』岩波書店 2008 年 12 月号、『市民メディアの挑戦』リベルタ出版 2009 年

篠崎　良一（しのざき　りょういち）（第 5 章）
共同 PR 株式会社　常務取締役
主要業績：『会社を守る！　もしものときのメディア対応策』インデックスコミュニケーションズ 2004 年、『広報・PR 実務』監修・共著、同友館 2011 年

小山　紳一郎（こやま　しんいちろう）（第 6 章）
横浜市にし区民活動支援センター・センター長、明治大学大学院兼任講師、亜細亜大学非常勤講師
主要業績：多文化共生施策に関する調査研究に従事し、『多言語生活情報の提供・流通』（財）神奈川県国際交流協会（現・かながわ国際交流財団）、2005 年など、複数の報告書作成に携わる。『草の根の国際交流と国際協力』共著、明石書店 2003 年

金山　智子（かなやま　ともこ）（第 7 章）
駒澤大学グローバル・メディア・スタディーズ学部教授
主要業績：『NPO のメディア戦略〜悩みながら前進する米国 NPO からのレッスン』学文社 2005 年、『コミュニティ・メディア〜コミュニティ・FM が地域をつなぐ』編者、慶應義塾大学出版会 2007 年

髙橋　茂（たかはし　しげる）（第 8 章）

株式会社 VoiceJapan　代表取締役

主要業績：『電網参謀』第一書林 2009 年、『《政治参加》する 7 つの方法』講談社現代新書
共著、講談社 2001 年

浜田　忠久（はまだ　ただひさ）（第 9 章）

（特活）市民コンピュータコミュニケーション研究会代表、立教大学、武蔵大学、大妻女子
大学非常勤講師

主要業績：『インターネットと市民──NPO/NGO の時代に向けて』共著、丸善 2003 年、
『ネット時代のパブリック・アクセス』共著、世界思想社 2011 年

事 項 索 引

人 名 索 引

叢書　現代の社会学とメディア研究　第 5 巻
【改訂版】パブリックコミュニケーションの世界

2011 年 12 月 5 日　初版第 1 刷発行
2016 年 4 月 5 日　改訂版第 1 刷発行

編著者　粉　川　一　郎
　　　　江　上　節　子

発行者　木　村　哲　也

定価はカバーに表示　　印刷　中央印刷／製本　川島製本

発行所　株式
　　　　会社　北 樹 出 版

〒153-0061　東京都目黒区中目黒 1-2-6
電話(03) 3715-1525(代表)　FAX(03) 5720-1488